Negociação
Como estabelecer diálogos convincentes

OUTROS TÍTULOS DA SÉRIE

Criatividade e Inovação – Como adaptar-se às mudanças
Lygia Carvalho Rocha

Consumidor – Como elaborar o seu perfil
Lygia Carvalho Rocha

Gestão de Projetos – Como estruturar logicamente as ações futuras
Guilherme Pereira Lima

Técnicas de Reunião – Como promover encontros produtivos
Leonardo Ribeiro Fuerth

Visão Totalizante – Como promover leituras estratégicas do ambiente
Jorge Dalledonne

Inovação Tecnológica – Como garantir a modernidade do negócio
Ronald Carreteiro

Relacionamento Interpessoal – Como preservar o sujeito coletivo
Maria do Carmo Nacif de Carvalho

Processos com Resultados – A busca da melhoria continuada
Antonio Carlos Orofino

Faces da Decisão – Abordagem sistêmica do processo decisório
Maria José Lara de Bretas Pereira e João Gabriel Marques Fonseca

SÉRIE GESTÃO ESTRATÉGICA

Negociação
Como estabelecer diálogos convincentes

JORGE DALLEDONNE
Engenheiro e Economista
Mestre em Economia Empresarial
Consultor na Área de Gestão e Controle de Projetos

O autor e a editora empenharam-se para citar adequadamente e dar o devido crédito a todos os detentores dos direitos autorais de qualquer material utilizado neste livro, dispondo-se a possíveis acertos caso, inadvertidamente, a identificação de algum deles tenha sido omitida.

Não é responsabilidade da editora nem do autor eventuais danos ou perdas a pessoas ou bens que tenham origem no uso desta publicação.

Direitos exclusivos para a língua portuguesa
Copyright © 2009 by
LTC — Livros Técnicos e Científicos Editora S.A.
Uma editora integrante do GEN | Grupo Editorial Nacional

Reservados todos os direitos. É proibida a duplicação ou reprodução deste volume, no todo ou em parte, sob quaisquer formas ou por quaisquer meios (eletrônico, mecânico, gravação, fotocópia, distribuição na internet ou outros), sem permissão expressa da Editora.

Travessa do Ouvidor, 11
Rio de Janeiro, RJ — CEP 20040-040
Tel.: 21-3970-9480
Fax: 21-2221-3202
ltc@grupogen.com.br
www.ltceditora.com.br

Editoração Eletrônica: ANTHARES

CIP-BRASIL. CATALOGAÇÃO-NA-FONTE
SINDICATO NACIONAL DOS EDITORES DE LIVROS, RJ.

D151n

Dalledonne, Jorge
Negociação : como estabelecer diálogos convincentes / Jorge Dalledonne. - Rio de Janeiro : LTC, 2009.
(Gestão estratégica)

Inclui bibliografia
ISBN 978-85-216-1670-2

1. Negociação (Administração de empresas). 2. Negociação. 3. Persuasão (Psicologia). I. Título. II. Série.

| 08-5176. | CDD: 658.4052 |
| | CDU: 65:316.47 |

SÉRIE GESTÃO ESTRATÉGICA

APRESENTAÇÃO

Quando idealizamos o desenvolvimento da **Série Gestão Estratégica**, estávamos movidos por um conjunto de constatações extraídas da realidade brasileira, suficientemente consistentes para evidenciar a existência de lacuna no desenvolvimento de novos gestores.

Já há muitos anos militamos junto ao mundo acadêmico e ao sistema produtivo.

Nossas observações foram objeto de registros nos livros que escrevemos, nos artigos veiculados em mídias diversas, nas palestras, congressos e seminários, assim como nas salas de aulas, quando ministrando cursos.

Ratificamos nossas percepções junto aos muitos profissionais que nos cercam e que durante todo o tempo de existência da revista *DECIDIR*, detentora do Prêmio Belmiro Siqueira, veicularam suas idéias nos muitos artigos publicados.

Um pensamento comum conduziu para a articulação lógica de um conjunto de competências que, além de indispensáveis ao desenvolvimento do gestor, garante-lhe um exercício profissional envolvido na necessária fundamentação.

Em cada um dos dez títulos da série existe uma história de vida, rica o suficiente para a construção de uma orientação permeada pela vivência de quem propõe.

Merecer a confiança da LTC representou para todos os envolvidos um coroamento para os bons momentos de dedicação na elaboração dos textos.

Nossa esperança reside na construção de novos profissionais de gestão, comprometidos em agregar, a cada momento profissional, práticas comprovadamente bem-sucedidas.

Conscientes que muitos são os passos da caminhada de um gestor, guardamos a esperança de que a **Série Gestão Estratégica** ofereça confiança para iniciar a trajetória.

Eraldo Montenegro
Coordenador

NOTA DO AUTOR

Este é um livro diferente sobre negociação. Procuramos abordar o tema de uma maneira holística e de modo singular, como não se observa, normalmente, nos livros tradicionais de negociação.

O modelo aqui desenvolvido se aplica às negociações que envolvem vendas, contudo, adicionalmente, pela nossa história de negociação de contratos internacionais de alta complexidade, focalizamos a negociação como a busca de uma sinergia entre dois potenciais opositores, mas que podem se tornar parceiros em um empreendimento comum. Esse posicionamento advém do fato de que nossa experiência prática nunca buscou impor uma solução, mas sempre tivemos um componente ético que buscava entender o outro lado e encontrar uma solução em que ambos ganhavam.

Dessa base reunimos fatos da vida empresarial, da vida pública, de nossa vida pessoal, de nossa vida acadêmica e os fundamentamos, a partir dos desafios relacionados com conhecimentos interdisciplinares, baseados na espinha dorsal de nosso modelo interpretativo, que engloba análise de informação, visão estratégica, negociação e indicadores empresariais.

Este livro complementa uma visão do processo de negociação, feita em outra publicação, que enfoca a negociação sobre a ótica das competências e saberes associados.

Estamos, desse modo, apresentando ao leitor uma forma de construir sua cultura sobre negociação. Para isso, abrimos espaços para sua reflexão sempre que podemos e exploramos metáforas simples e populares que fornecem indícios da estrutura que estamos procurando fixar para um profissional em negociação.

A marca do presente livro reside na pirâmide de negociação que identifica elementos necessários à sustentação de um processo integrado, sistemático e articulado de ver o processo de negociação.

Essa estrutura piramidal revela-se invariante para sustentar a percepção do processo, para definir os diversos componentes de uma cultura de negociação e para dar uma guia firme para as discussões sobre nossa metodologia.

Como afirmamos no texto, existem muitos livros sobre negociação. Este livro não pretende ser nem a síntese nem a desqualificação de nenhum deles; pretende, isso sim, fornecer uma chave de leitura que permita ao leitor perceber o papel que cada um pode desempenhar no desenvolvimento de uma cultura de negociação eficaz.

Após passar os olhos pelo texto, o leitor compreenderá nossa mensagem maior: Negociação não se ganha, conquista-se.

PREFÁCIO

Jorge Dalledonne, engenheiro, economista e professor, nos traz uma lição completa da otimização na busca de resultados, através de uma rica análise da atividade de negociação.

Sem a pretensão de ser definitivo, desenvolve modelo teórico com base em sua vasta experiência de negociador, e, valendo-se de sua fundamentação acadêmica, forjada no labor docente, estrutura esse modelo de forma objetiva e realista, visando dotar o leitor de um instrumento ao mesmo tempo factível e eficaz.

Sem perder de vista o referencial do sucesso, o autor atenua o foco, por vezes excessivo, com o final do processo e alerta para a necessidade da preparação, com base na competência e no melhor uso das informações. Com metodologia, insere a realimentação, que modificará, enriquecendo, a base do modelo que é a Cultura de Negociação.

Ao dissertar sobre a teoria, nos capítulos seqüentes, o autor aprofunda, conceitualmente, cada etapa, valorizando de forma eqüitativa o uso de informação e conhecimento com o tratamento da equipe, seja na preocupação do chamado Sujeito Coletivo, seja com o ajuste das competências, baseado no tripé Atitudes/Hábitos/Valores.

Dalledonne mantém no livro o papel de professor quando, valendo-se de sua práxis, ilustra, sempre com muito espírito, tudo o que é possível acontecer no inter-relacionamento com terceiros, quando os elementos confrontados estão, em tese, em campos opostos. Está inserido, ao final do livro, o relato de casos, com base em acontecimentos verídicos, cuja análise ajuda a fixação da teoria.

Porém, mais que um mestre na exposição acadêmica do assunto, o autor é um grande comunicador. Seu modo de escrever é despojado, moderno, rico na utilização do vernáculo e criativo no desenvolver de idéias, em feliz e rara combinação de substância e forma. Com interessantes apropriações de outras ciências, agrega à prática da Negociação tudo que serve para o entendimento perfeito de cada um de seus aspectos. Como, por exemplo, quando, em referência direta às artes cênicas, manda organizar o *script*. Ou quando analisa a *síndrome da derrota anunciada*, juntando medicina e literatura para melhor comunicar-se.

É, pois, com justificada satisfação que introduzo o leitor ao conteúdo deste maravilhoso e oportuno trabalho, que, com certeza, será de grande importância ao seu desempenho como gestor, seja em simples atividade de rotina, seja envolvendo decisão de alto risco. Em qualquer caso, esta é uma obra facilitadora na obtenção de resultados desejados.

Eng. Rubens Donati Jorge
Diretor da On Set Telecom

● AGRADECIMENTOS ●

A todos que comigo negociaram e me provocaram para aprender um pouco sobre a complexa atividade de negociar.

Àqueles que me permitiram registrar as idéias.

Àqueles que me incentivam a prosseguir negociando.

SUMÁRIO

CAPÍTULO 1 *O Cenário Atual* *1*

CAPÍTULO 2 *As Bases do Modelo* *5*

2.1 Pirâmide da negociação 6
2.2 Os componentes culturais obrigatórios de um negociador 9
2.3 Resumindo 20

CAPÍTULO 3 *A Metodologia* *23*

3.1 A identificação do problema – Mantendo o olho na bola 24
3.2 Estruturas e desdobramentos do problema 26
3.3 A construção do sujeito coletivo – Integrando pessoas 31
3.4 Pesquisando informações – Você na escuta 42
3.5 Ajustando competências – Melhorando você mesmo 46
3.6 Consolidando o plano de ação – Unindo as peças de um quebra-cabeças 58
3.7 Negociando – Um teste de capacidade de resposta em tempo real 63
3.8 Aperfeiçoando uma cultura de negociação 105

CAPÍTULO 4 *Casos de Fixação* *109*

4.1 O caso da construção de um sujeito coletivo 109
4.2 O caso de uma negociação quase perdida 112

CAPÍTULO 5 *O Desafio* *117*

5.1 O desafio do caso número 1 – Uma questão de convergência 117
5.2 O desafio do caso número 2 – Uma questão de criatividade 118
5.3 Um desafio aberto – Usando o modelo 119

CAPÍTULO 6 *Considerações Finais – 40 Aspectos que Você Não Pode Esquecer* *123*

6.1 Primeiras provocações 123
6.2 Repensando a sua cultura de negociador 124
6.3 Repensando a metodologia 125
6.4 Recomendações finais 128

Bibliografia *131*

Negociação
Como estabelecer diálogos convincentes

CAPÍTULO 1

O Cenário Atual

Vivemos em um momento histórico em que o conflito mostra suas garras em todas as atividades. Não conseguimos perceber se o conflito está sendo provocado pelas estruturas altamente competitivas que se impuseram, ideologicamente, no cenário, ou se as estruturas altamente competitivas é que foram provocadas por uma situação de conflito permanente entre pessoas, países, povos e raças.

Uma coisa, todavia, não temos a menor dificuldade de afirmar: "Sem a menor sombra de dúvida, no fim do milênio anterior, a velocidade e o volume da informação que trafegou pelas diversas mídias atingiram valores tão elevados, que criaram a sensação nos indivíduos de que o tempo se tornou um bem de tamanha importância que, neuroticamente, procura-se conhecer tudo, enquanto há tempo."

O pior é que, apesar de intensa, a produção de informação não está democraticamente distribuída. O jornal *O Globo*, na primeira quinzena de novembro de 2003, ressalta que, se a produção fosse distribuída, cada pessoa produziria uma pilha de livros de dez metros de altura por ano. Essa assimetria na relação produção/distribuição do conhecimento gera também outras assimetrias, e as pessoas se defendem como entendem que devam. Nem sempre de modo lúcido e socialmente conveniente.

2 Capítulo Um

Ainda que em outro contexto, Darcy de Oliveira (2003) afirma que "Lendas e profecias anunciavam o fim do mundo na virada do ano 2000. Não foi o fim do mundo, mas foi, certamente, o fim de um mundo. Ruíram os pilares que sustentavam até então os indivíduos: a família e o emprego". Diríamos que, os pilares ruindo, ruíram junto crenças, valores e atitudes. Vivemos, assim, um paradoxo. Enquanto proliferam as igrejas da salvação, segundo as quais só uma atitude fraterna, tendo Deus como referência, salva o mundo, ao mesmo tempo prolifera a intolerância entre certas nações, nas quais o fundamentalismo religioso se situa como pano de fundo.

O que no final acaba sendo observado é que ninguém dá nada sem retorno, ainda que a moeda de troca seja a salvação. Os radicalismos toldam a capacidade de argumentação, e observamos fatos nunca antes imaginados, como o ataque à sede da ONU no Iraque e o ataque à própria Cruz Vermelha, sempre respeitada no passado. Não é à toa que os fóruns mundiais de decisão perderam seu poder de mediação, e as lutas ocorrem pelos mais diversos motivos: políticos, econômicos ou culturais. Inegavelmente, afirmamos, os conflitos ocorreram por necessidade de prevalência de um grupo sobre o outro. Mas, com relação a essa complexidade, podemos apenas estar alertas, ou, no máximo, fazer a nossa parte, mesmo que, no todo, ela se revele insuficiente.

Se agora enfocarmos a realidade empresarial, a guerra, com suas armas igualmente letais, também é renhida. Não é à toa que, das empresas que surgem, 70 a 80% entram em falência com menos de um ano de vida. O ambiente é complexo, e o sucesso de uma organização a credencia, apenas, como tendo dado o primeiro passo na direção de rever paradigmas para que possa almejar um sucesso futuro, já que o sucesso anterior tornou-se apenas parte da história.

Nesse contexto de alta competição, complexidade e eterno conflito existencial e funcional, emerge a necessidade de que os ponteiros se ajustem – surge a necessidade de negociar. Costumamos dizer que se negocia tudo desde o momento que alguém abre os olhos para o mundo. Negocia-se o choro por mamadeira, resultados por prêmios, e assim sucessivamente, até o ponto de se chegar à negociação maior: a própria sobrevivência, tanto real quanto metaforicamente falando.

Logo, saber negociar não é um luxo, ou uma habilidade que cause surpresa, como um número de mágica, ou uma competência não-esperada.

Na prática, saber negociar revela-se básico, tanto como falar, escrever etc.

Aí, todavia, é que reside o âmago da questão. Talvez porque as negociações mais elementares acabem por provocar a sensação de uma resposta imediata a um estímulo em tempo real, o saber negociar tende a ser visto apenas pelo seu lado mais imediato, ou seja, a habilidade de negociação diante de uma mudança caracterizada por uma mudança imprevista da normalidade. Claro que existem negociações de emergência que concentram toda a possibilidade de sucesso na mão do negociador, que, como se diz popularmente, saca do baú um argumento inesperado que dirige as negociações para seu lado. Mas negociação é algo mais profundo, que exige muito preparo e que remete à antecipação.

Mas antes de você, leitor, e eu enveredarmos mais especificamente sobre essa consideração, convém destacar que o cenário atual traz componentes adicionais, e, mesmo que queiramos considerar a negociação uma atividade desenvolvida com padrões de ética, na prática não se observa esse componente com facilidade.

Chega a ser digno de nota quando se percebem do outro lado da mesa personagens que, certamente, querem atingir objetivos bem-determinados e convenientes para seus pares, mas que não estão interessados em fazer com que você, seu opositor na negociação, seja destruído. Nós mesmos já tivemos vários casos nos quais aquele que conosco se defrontava alertava sobre maus movimentos que estávamos realizando. Mas, infelizmente, esse é um comportamento raro.

O cenário que se observa é o de levar vantagem em tudo. Frase que um dia marcou época na publicidade, mas que apenas saiu do jargão publicitário de modo explícito, já que está sempre presente em qualquer processo de convencimento a que se está sujeito no momento atual. Desde o garoto que pede esmola na rua ao caso mais sofisticado de negociação pelo controle acionário de um negócio, tudo se negocia, e as regras não são necessariamente éticas. Crainer (2002) ilustra o caso da negociação Murdoch × Família Carr,[1] que levou "Murdoch, de proprietário de jornais australianos para dono da mídia internacional".

---

[1] Nesse caso, segundo Crainer (2002), por atitude preconceituosa da família com relação a um potencial comprador de 25% das ações, a família acertou uma negociação com Murdoch, e no devido tempo, revendo posições, ele assumiu o controle do jornal *News of the World*.

Na realidade, o cenário das negociações é bastante agressivo, com jogos de cena, de palavras, blefes e toda a sorte de artimanhas. É importante que se perceba que, em nenhuma negociação, infelizmente, se pode ir de peito aberto e despreparado.

Em resumo, o cenário global, exigindo permanente avaliação de forças para que você consiga obter resultados positivos para você e sua organização; a necessidade de atentar para o fato de que nem sempre a ética está presente e a prática habitual de ver a negociação apenas na sua frase processual final exigem um antídoto, que o caracterizamos como a necessidade de uma visão mais abrangente e articulada do processo que seja de domínio dos negociadores.

Seria impossível listar todos os artifícios de que se utiliza para atuar em uma mesa de negociação. A bibliografia sobre o tema é extensa, e não caberia aqui repeti-la ou sintetizá-la. Mesmo que o fizéssemos, certamente muitos comportamentos não são possíveis de ser ensinados, como a capacidade de se utilizar o que se sabe, o que se pode e o que se quer fazer quando as coisas fogem à normalidade, no momento certo. Mas uma coisa é certa: é possível identificar uma série de elementos invariantes no processo global de negociação, que vai do momento em que a necessidade da negociação foi percebida até o seu encerramento, indispensáveis para uma preparação adequada do negociador.

O leitor poderia questionar sobre os casos de emergência. Responderíamos que o caso de emergência possui uma analogia forte com a situação daquele que pratica artes marciais, por exemplo. O lutador treina movimentos, simula, analisa as possibilidades de movimento de seu hipotético oponente, aperfeiçoa seus sentidos e muitas outras atividades para poder, como por instinto, reagir de modo eficaz a uma ação de seu oponente. Se fizemos nos entender bem, o que queremos dizer é que estar preparado para negociar fornece as bases para uma resposta intuitiva em uma negociação, por mais inesperadamente que ela tenha surgido.

Nesse quadro que acabamos de desenhar para o leitor, desenvolvem-se as principais bases de um processo de negociação. Convidamos o leitor a passar a participar conosco dessa reflexão. Vamos a ela.

CAPÍTULO 2

As Bases do Modelo

A busca de um modelo que ajude o leitor a desenvolver um perfil de negociador, como já colocamos, parte da noção de que negociar não é apenas o ato final, ainda que ele seja o responsável por medir o sucesso da própria negociação. Exige muita preparação.

Embora necessitemos apresentar algumas dicas específicas para apoiá-lo, leitor, em situações especiais, nossa intenção é conduzi-lo por uma visão totalizante do tema. Para que esse objetivo seja atingido, gostaríamos de explorar melhor o que afirmamos no primeiro parágrafo acerca da ênfase, incorreta no nosso ponto de vista, no processo final.

Todos sabemos que a grande característica da massa de gelo que causa problemas sérios à navegação é que o que aparece na superfície do mar é uma pequena fração da quantidade de gelo que está efetivamente flutuando no oceano.

Em uma negociação, como nossa experiência demonstra, o que normalmente se aborda como a arte de negociar caracteriza-se como a ponta do *iceberg*, ou seja, por baixo existe um conjunto fundamental de ações que sustentam essa pequena ponta.

Mas a figura do *iceberg*, como tal, possui um inconveniente que precisa ser corrigido, a fim de poder representar com mais propriedade o fenômeno em questão.

6   Capítulo Dois

Toda negociação, em seu término, é geradora de conhecimento. Ou seja, o processo em si, os óbices, os erros e os acertos cometidos são informações que se articulam a outras informações, geram conceitos e transformam-se em conhecimentos que precisam ser transmitidos para a organização. De um modo ou de outro, podemos arriscar dizer que, ou mal ou bem, esses conhecimentos serão, ao menos em parte, difundidos informalmente. Esse fato ocorre porque as pessoas que participaram da negociação acabam por informar aos seus pares o que foi percebido. Mas o importante, quando se aborda o tema de uma maneira totalizante, como a que pretendemos usar, é que o processo de incorporação cultural ocorra de modo consciente e o mais sistematizado possível. Logo, à apresentação do *iceberg* em suas camadas componentes é preciso adicionar um elo de realimentação que extraia do processo, de modo global, os erros e acertos e os injete sob a forma de conhecimento na cultura organizacional.

Por fim, ainda que a figura do *iceberg* tenha servido para provocar o debate, vamos, de agora em diante, usar um modelo representativo do processo mais adequado e característico do jargão da administração, que é a pirâmide. Desse modo, nos referiremos à Pirâmide de Negociação, que, como nós sabemos, precisa incluir o elo de realimentação que definimos como necessário.

2.1 A PIRÂMIDE DA NEGOCIAÇÃO

2.1.1 Construindo a Pirâmide

a. Destacando: a Cultura de Negociação

A base: como o aspecto "cultura da organização" é a base sobre a qual se sustentam valores, atitudes e os sistemas de crença da instituição, comecemos por ela. Perceba, não obstante, que, apesar de sua magnitude, dessa base cultural pode-se destacar uma parte que seria uma cultura de negociação. Antes de tecer comentários mais específicos sobre o que seria essa cultura, vamos, provisoriamente, tomá-la como a base da pirâmide.

b. Destacando: o Problema

A primeira camada: dado, pois, um grupo com uma cultura de negociação em um nível qualquer, admitamos que surja um problema, caracterizado como um desvio genérico da normalidade, que possa vir a dar origem a um processo de negociação. Mas o problema em si não basta, é preciso analisar seus efeitos e verificar a reação em cadeia que pode provocar. A segunda camada de nossa pirâmide reside em identificar o problema, caracterizá-lo e identificar seus possíveis efeitos.

c. Destacando: o Sujeito Coletivo

A terceira camada: identificados o problema e seus efeitos, chega a hora de organizar sua força-tarefa, o sujeito coletivo que dará conta da negociação.

d. Destacando: as Informações Complementares

A quarta camada: entendido o problema e definida a equipe, torna-se necessário buscar informações complementares que permitam organizar os conhecimentos de modo a diminuir o grau de incerteza das ações futuras.

e. Destacando: os Conhecimentos

A quinta camada: para que se equilibrem as relações de negociação futura, os conhecimentos necessários para atuar na mesa de negociações precisam ser levantados. Entenda-se conhecimentos como informações estruturadas e articuladas capazes de fornecer as bases interpretativas do processo de negociação.

f. Destacando: as Habilidades

A sexta camada: de forma complementar aos conhecimentos, as habilidades necessárias para atuar no processo de negociação precisam ser identificadas e potencializadas.

g. Destacando: as Atitudes

O processo de negociação obriga a que certos posicionamentos estejam presentes dando suporte ao comportamento do negociador. Surge a necessidade de fixar quais são esses comportamentos e como deixá-los devidamente polidos para a ação.

h. Destacando: Consolidação do Planejamento

Sabendo-se aonde se quer chegar e quais as necessidades, é a hora da consolidação do plano de ação, em que todas as referências para negociar estarão registradas.

i. Destacando: o Desenvolvimento

Entendido o problema, identificados as informações necessárias, os conhecimentos, hábitos e atitudes exigidos e consolidado o planejamento, só cabe então negociar.

j. Destacando: a Avaliação

Como dissemos, o processo precisa incorporar conhecimento. O elo que incorpora e estabiliza o modelo no tempo é aquele que analisa erros e acertos e os dissemina pela organização para fazer com que a cultura de negociação floresça.

Como se observa, a Pirâmide de Negociação possui camadas que caracterizam: o Planejamento da Negociação, que vai de (a) a (h); a Execução, que corresponde a (i), e a Realimentação, que corresponde a (j).

Além disso, no detalhe, possui uma fase perceptiva (a); uma fase analítica (b); uma fase de integração da equipe (c); uma fase de pesquisa (d); uma fase de definição de competências (e), (f) e (g); uma fase de registro do plano (h); uma fase de execução (i) e uma fase de realimentação (j).

Entendidos seqüencialmente os elementos da pirâmide, podemos deixar de lado a seqüência cronológica que seguimos e representar a estrutura do processo de negociação como a Figura 2.1.

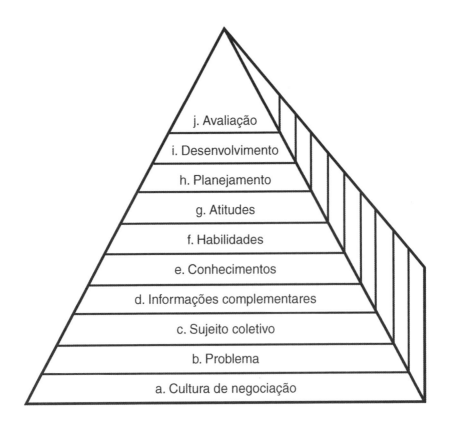

FIGURA 2.1 A pirâmide de negociação

Nossa intenção é desenvolver as diversas recomendações sobre a arte de negociar seguindo a pirâmide representada na figura. Para isso precisamos fixar melhor alguns conceitos.

2.2 OS COMPONENTES CULTURAIS OBRIGATÓRIOS DE UM NEGOCIADOR

O artifício que utilizamos para construir a pirâmide visou a facilitar a compreensão do leitor sobre os elementos componentes das diversas camadas do processo. Como nossa intenção é auxiliar o desenvolvimento do leitor como negociador, propomos que, por instantes, se abstraia do processo e se fixe na estrutura mostrada para perceber que o perfil do negociador precisa seguir as mesmas etapas apresentadas.

Em conseqüência, é importante que o leitor identifique que um negociador precisa ter como elementos componentes de seu perfil os seguintes aspectos:

2.2.1 Cultura de Negociação

A cultura de um modo geral sobre determinado tema pode ser entendida como uma estrutura de valores, crenças e conhecimentos que habitam o inconsciente das pessoas e que condicionam seus comportamentos, seus hábitos e suas atitudes.

A cultura possui assim tanto a noção do aceitável e do não-aceitável em termos do julgamento de valor das coisas, como também fornece a condição de possibilidade da própria ação do indivíduo. Diz-se que uma pessoa não consegue realizar determinada ação, seja ela concreta ou simbólica, por falta de cultura, por exemplo.

A cultura compõe-se de modelos gerais e específicos, e os gerais tendem a dar uma contextualização geral à personalidade da pessoa, enquanto os específicos denunciam suas particularidades como cultura musical, cultura poética, cultura científica, cultura tecnológica e muitos outros detalhes.

A negociação baseia-se, como toda cultura específica, nos componentes valorativos da cultura geral que condicionam sua forma de aplicação: o que se negocia e o que é inegociável, como se pode negociar etc.

10   Capítulo Dois

Sobre essa diretriz ética e moral, o domínio de metodologias, as experiências de ensaio e erro, as situações vivenciadas vão gerando conhecimentos estruturados específicos sobre o tema, que são absorvidos pelas pessoas até que se consolidam sob a forma de uma cultura específica: a cultura de negociação.

Percebe-se que a formação dessa cultura possui, como toda cultura, um processo que passa do aprendizado consciente para seu uso inconsciente sob forma de uma estrutura. Logo, possuir uma cultura de negociação exige pelo menos:

- absorção de conhecimentos específicos;
- uso prático do conhecimento;
- processo de realimentação que provoca sua evolução.

Em conseqüência, a primeira camada da formação de um negociador será desenvolver uma cultura de negociação. Como todo processo cultural, possui um tempo próprio, pois precisa sofrer todo um processo de articulação de todos os diversos conhecimentos e experiências vividos, para se consolidar como uma estrutura de referência.

Talvez a melhor definição de cultura tenha sido dada por um pensador que afirmou: "Cultura é tudo aquilo que fica depois que esquecemos tudo o que aprendemos."

Um outro detalhe importante é que a cultura de negociação tende a revelar-se como início e fim do processo. Início porque é com essa cultura que o indivíduo pode se arvorar em negociar, e fim, porque o resultado de uma negociação tende a gerar conhecimento que se incorpora à cultura.

Por ser início e fim, a cultura de negociação precisa incorporar todas as demais etapas em termos de crenças, hábitos e atitudes, porque cada etapa exercida no processo de negociação no fundo tem a cultura como orientadora. Ou seja, ela se compõe de elementos, verdadeiras culturas complementares, a saber:

- Cultura de Negociação – a que engloba e condiciona as demais.
- Cultura Orientada para o Problema – a que dá conta da percepção do problema e de seus efeitos.
- Cultura de Inter-relacionamento – que se orienta para a constituição do sujeito coletivo.

- Cultura Informacional – a que fornece a propensão à busca da informação relevante.
- Cultura de Autodesenvolvimento – que estimula a busca de novas competências.
- Cultura de Planejamento – que organiza a forma de articular intenções com ações.
- Cultura Metodológica – que viabiliza o exercício da prática de negociação.
- Cultura de Resultados – que impulsiona o negociador para comparar as metas projetadas no planejamento da negociação com o efetivamente alcançado e, com isso, realimentar todo o processo.

Vamos procurar ter uma visão abrangente de cada uma.

2.2.2 Cultura Orientada para o Problema

Em nosso livro *Visão Estratégica* (2003), afirmamos que "perceber um problema exige uma atividade proativa", ou seja, nem sempre o problema se apresenta pulando e acenando em nossa frente chamando a atenção: "Estou aqui!"

Entendemos que, para ser corretamente identificado pelo negociador, o problema precisa mobilizar alguns atributos importantes, sem o que, como conseqüência, temos:

- quem não presta atenção não vê;
- a intenção tende a fazer com que se veja o que se quer;
- o instrumental de análise pode favorecer ou impedir de perceber detalhes; e
- o modelo interpretativo, ao articular o que se viu diante dos conhecimentos que se possuem para formular um pronunciamento, pode distorcer a realidade.

Em outras palavras, no desenvolvimento de uma cultura de negociação é preciso procurar se orientar para identificar num problema os seguintes atributos:

- sua intenção, já que fica bem claro que se esta não estiver orientada para o lugar certo, verá o que quer e não o que deveria ver;

12   Capítulo Dois

- sua atenção, de modo a perceber detalhes do problema e de sua relação com outros fatos que possam lhe dar diferenças competitivas no processo de negociação.

Mas isso só não basta. É preciso, adicionalmente,

- Expandir seu instrumental de análise, incorporando novas ferramentas de modo a conseguir perceber aspectos e detalhes que possam passar despercebidos pelos analistas que não possuam instrumentais de análise comparáveis.
- Finalmente, precisa de modelos interpretativos fortes, pois de nada adiantaria ter uma intenção, estar focado para o ponto certo; ter os instrumentos necessários, mas não saber entender o significado da leitura que fez da realidade. Claro que o modelo interpretativo tende a preceder o processo de negociação; todavia, negociar sem modelo interpretativo é uma impossibilidade.

Em resumo, como ressaltamos, é necessário se desenvolver essa parte da cultura de se orientar para o problema, mas, antes de tudo, dois alertas:

- Nunca combata o problema. Um problema tem os dados que possui e não adianta combatê-lo. Problema é para ser identificado, avaliado em suas conseqüências e resolvido, de modo a dar a melhor relação custo-benefício para quem o resolve. Para perceber a dimensão clara do problema torna-se necessário que ele seja reconhecido como tal.
- Uma cultura orientada para problemas precisa desenvolver mecanismos próprios de controle da ansiedade e do exagero. Costumamos afirmar, com perdão para os puristas da psicologia, que todo negociador precisa ser um saudável paranóico. Ou seja, precisa estar atento às possibilidades de mudança do estado da normalidade, porque aí reside a verdadeira dimensão do problema. Talvez a frase que melhor ilustre essa proposição seja a proferida por Confúcio: "O sábio teme o céu sereno: em compensação, quando vem a tempestade, ele caminha sobre as ondas e desafia o vento."

2.2.3 Cultura de Inter-relacionamento

Ainda que, como o leitor verá, procuremos desenvolver a formação do sujeito coletivo orientando-o para como aproveitar as reuniões, a atitude que está por trás do processo de participar com propriedade de reuniões pode ser resumida em uma propensão interior para se relacionar.

Semanticamente, reunir significa juntar pessoas, e para juntar pessoas é preciso que exista o gosto natural de conviver com elas. Não conheço ninguém que consiga agregar pessoas em prol de um objetivo se não existir entre elas um mínimo de inter-relacionamento com componentes positivos para ambas as partes. Tivemos uma passagem em um ambiente militar que nos marcou muito. Estávamos nós, os calouros, em uma mesa de rancho, quando um ajudante de posto muito baixo se aproximou da mesa. Educadamente, pedimos:

— Por favor, seria possível conseguir outra porção?

Imediatamente, um veterano ao nosso lado nos interrompeu e disse:

— Não é assim que se fala com esses caras. Repitam comigo: Oh (e tratou o ajudante pela função), vá lá e traz mais comida.

Fomos obrigados a repetir a frase, e notamos que o ajudante, cauteloso, piscou os olhos e falou.

— Desculpe, senhor, mas a comida acabou.

Achando estranho o comportamento do servidor, ficamos um pouco mais na mesa. Nesse intervalo, os veteranos saíram, e qual não foi minha surpresa quando o ajudante aproximou-se com a bandeja de comida que faltava. Dali por diante, sempre o melhor bife nos era reservado, a porção extra estava disponível etc., bastando apenas esperar que os veteranos saíssem.

Assim, o exercício do inter-relacionamento é um instrumento eficaz na formação de um sujeito coletivo. Desse modo, a cultura inter-relacionamento é fundamental. Saber tratar as pessoas, respeitá-las em seus pontos de vista, saber ajustar os vetores para provocar a convergência é muito importante.

Acuff (1998) mostra como isso é importante ao transportar as suas negociações para as mais diversas partes do mundo, já que a cultura local, se não respeitada, gera significativos choques de inter-relacionamento que podem tornar inaplicável qualquer metodologia de negociação.

Antes de tudo, um alerta. Ter um bom relacionamento com as pessoas não significa falta de firmeza na defesa de seus pontos de vista e relaxamento da disciplina quando na relação existe um componente hierárqui-

14   Capítulo Dois

co. Mas também não significa ignorar que por trás da função existe um ser humano tão importante quanto você e que deve, em princípio, estar dando o máximo de si para cumprir sua parte.

Uma ilustração interessante encontra-se no filme *Um lago dourado*. O neto está passando os dias com dois avós bem idosos. Após uma pescaria, o avô, ao se aproximar da lareira para preparar o peixe, não percebe que uma fagulha pega no tapete. O garoto, rapidamente, pega o balde com o peixe e a água e apaga o incêndio. O avô, em vez de agradecer, reclama da sujeira. O garoto sai da cabana irritado. Nesse momento, a avó se aproxima e fala para o neto:

— Lembre-se de que ele está dando o máximo de si, tanto quanto você.

Saber se relacionar com alguém é uma arte e, como toda arte, pressupõe uma cultura. Procure desenvolver essa cultura em você. Pesquise livros e artigos que tratem do tema, leia e reflita. Não seja crítico, deixe que as idéias fluam naturalmente. Quanto mais rápido o seu inconsciente tomar conta da novidade, mais velozmente suas estruturas tendem a incorporar novos mecanismos.

Na fase de transição, se você ainda não tem essa cultura, policie-se. Não custa nada contar até dez e procurar entender a posição do outro.

Anote isto em sua agenda: "Um bom negociador não vence, conquista."

2.2.4 Cultura Informacional

O momento atual de indigestão informacional tende a fazer soar ridícula a preocupação. Mas uma coisa é ser assolado por uma avalanche informacional, a outra é ter uma cultura sobre o tema.

Uma cultura informacional pressupõe o que costumamos chamar de curiosidade engajada. Expliquemos melhor. Existem pessoas que possuem o hábito de ler muito. Na prática, são verdadeiras enciclopédias ambulantes. Mas a grande maioria dessas pessoas tende a considerar as leituras compartimentos estanques. Desse modo, tendem a não perceber as relações que existem entre as estruturas que sustentam cada unidade de leitura que realizaram. Essas pessoas são curiosas, mas não são capazes de articular conhecimentos de maneira complexa. Você pode dizer que isso é um exagero. Infelizmente não é. Tivemos oportunidade de comandar talvez o único programa de desenvolvimento cultural realizado no Brasil, quando de nossa passagem pela Embratel, nos anos 1970/80. Costumávamos convidar sumidades para tentarem sintetizar para os participantes do programa algum tema que, na visão do programa, serviria para fornecer uma estrutura importante de ler a realidade. Qual não era nossa surpresa quando, no desenrolar da exposição de alguns acadêmicos, percebia-se nitidamente que, na passagem de uma parte do programa para outro, trocava-se de fonte. Nesse instante, sua forma de argumentar, a estrutura de seu pensamento mudava, como que simulando a linha argumental do autor da nova referência.

A cultura informacional pressupõe saber identificar estruturas invariantes, articular posicionamentos e explorar analogias em campos de conhecimento diferentes. Foi com essa visão que Bertalanfy, nos anos 1960 e 1970, procurou desenvolver o que se chamou de Teoria Geral de Sistemas, como uma forma, inferimos nós, de provocar as pessoas a articularem os diversos saberes. Demonstrava Bertalanfy que não existem saberes estanques e, sim, estruturas de conhecimento comuns e especificidades.

Aí está mais um desafio. Não se fixe em uma temática, procure ler diversificadamente, mas tentando apreender qual a estrutura invariante, que analogias podem ser usadas e que estruturas podem ser identificadas de modo a serem incluídas em sua forma de interpretar o mundo.

Lembre-se, ainda, de que uma estratégia informacional pressupõe acesso a informação. Portanto, cerque-se de fontes informacionais e organize seus próprios mecanismos de busca, guarda e recuperação da informação. Muitas vezes o importante nem é efetivamente ler, mas perceber o alcance do que surgiu na sua frente como informação e saber guardar essa dica para usar em momentos posteriores.

Nós temos muito esse hábito. Costumamos recolher informações que insinuam que podem ser importantes no futuro. Nossa experiência ensina que, quando menos esperamos, sua importância efetiva emerge no encontro de uma solução para um problema. A informação às vezes revela-se, paradoxalmente, uma solução à cata de um problema, que, quando menos se espera, chega.

Finalmente, uma cultura informacional pressupõe a possibilidade de enfrentar mudanças. Logo, busca-se incorporar o diferente, o incerto e o singular como forma de perceber as possibilidades de uma estrutura responsável por um sucesso anterior dar lugar a uma outra que pode emergir.

16   Capítulo Dois

Lembre-se de que uma negociação é uma situação na qual existem informações básicas; outras complementares, que estabelecem limites a serem atingidos e suas possibilidades; e aquelas que são diferentes, geram incerteza ou são singulares. Em conseqüência, uma cultura informacional revela-se como uma base fundamental para o negociador.

Anote a citação de William Drayton para reflexão: "A mudança tem início quando alguém vê a próxima etapa."

2.2.5 Cultura de Autodesenvolvimento

Já está longe o tempo em que deixar para os outros a nossa formação era uma possibilidade. Se, por um lado, os anos 1960 e 1970 foram pródigos em cursos impostos pelas organizações, no afã de fazer com que seus empregados possuíssem a qualificação necessária para desempenhar as diversas oportunidades abertas pelo milagre econômico brasileiro, os anos 1980 e a primeira metade dos anos 1990 foram os anos em que os treinamentos eram deixados à mercê dos desejos dos funcionários que escolhiam, em sua grande maioria, os treinamentos que melhor se adequavam às suas idiossincrasias, nem sempre atreladas aos objetivos empresariais. A discussão entre LNT (levantamento da necessidade de treinamento) e DNT (determinação da necessidade treinamento) é vasta, mas apenas denuncia um aspecto do célebre debate sobre o sentido do planejamento de cima para baixo (*top down*), ou de baixo para cima (*bottom up*).

Da virada do milênio para cá, nas empresas modernas a preocupação reside em levantar competências. Na realidade, a organização levanta um perfil de conhecimentos, habilidades e atitudes que são adequados aos diversos postos de trabalho, diagnostica cada empregado, gera sua curva de competências e cria um banco de talentos. Aqueles que se enquadram no perfil e no posto, ótimo; os que não se enquadram tendem a ser substituídos ou, quando dão sorte, transferidos para um posto para o qual o seu perfil se revela adequado. Esse banco de talentos é utilizado para a constituição de forças-tarefa dirigidas para determinados desafios. Em outras palavras, surgindo um desafio, definem-se os perfis e buscam-se no banco de talentos aqueles cujos perfis respondem aos quesitos. Caso não haja, busca-se fora, por seleção e recrutamento, ou por *headhunters*.

Como se observa, a menos de pequenos aperfeiçoamentos, fruto de necessidades operacionais imediatas, as empresas, com raras exceções, principalmente nas organizações em que o conhecimento é muito especializado, como a Petrobras, tendem a não mais arcar com os custos referentes ao salto de conhecimento de seus empregados. Em conseqüência, o negociador precisa formar-se por si mesmo em duas ações complementares: aprendendo para negociar e negociando para aprender.

Em outras palavras, o negociador precisa construir para si uma cultura de autodesenvolvimento. Claro que a cultura informacional é um excelente começo. Mas a informação precisa se transformar em conhecimento, o conhecimento precisa se manifestar em suas habilidades, e seu comportamento precisa estar compatível com seus conhecimentos e habilidades. Tudo isso deve poder ser auferido pelo desempenho.

Como o leitor verá mais à frente, vamos reforçar, durante a ação, o "aprender a aprender". Esse é o espírito de um negociador eficaz; ele precisa estar disposto a desenvolver seu conhecimento, suas habilidades e suas atitudes, porque, parodiando Alvin Toffler, "nada mais perigoso do que o sucesso de uma negociação anterior".

Recomendamos ao leitor que busque estabelecer como meta evoluir sempre. Lembre-se de que a competência imobilizada tende a se fossilizar. O exercício permanente da competência faz parte integrante de uma cultura de autoconhecimento.

A busca do aumento de sua competência em negociar, como denuncia a própria pirâmide de negociação, exige conhecimentos, habilidades e atitudes com níveis elevados de complexidade. A definição dos saberes associados a essas competências tem sido mote de nossa pesquisa, e eles foram abordados em um outro livro (2004). De qualquer modo, procure desenvolver-se aprofundando-se em instrumentos de análise, em reflexões sobre sua emocionalidade quando sob pressão, em inter-relacionamento pessoal, como já dissemos, em análise da informação, que se associa ao elemento cultural anterior, e, certamente, lendo, criticando e incorporando qualquer informação que apresente técnicas de negociação.

Mantenha-se sempre em atividade, sacuda com força seus bancos de memória e introduza novas idéias em seu acervo. Anote a citação de H. A. Velut para reflexão: "A rotina, a preguiça, a fobia pelo inédito, o ciúme, o amor-próprio, o interesse, tudo conspira para obstaculizar a marcha de uma idéia nova."

2.2.6 Cultura de Planejamento

Há alguns anos conhecemos um personagem que não planejava nada. Dizia que não conhecera nenhum planejamento que dera certo e que, portanto, planejar era pura perda de tempo. Na realidade, se observado em seus movimentos, o que esse personagem fazia estava muito bem planejado; o que ele fazia era não registrar os passos de seu planejamento.

Que o que se planeja nem sempre é idêntico ao que se realiza é óbvio. Mitzenberg (2000) afirma que dificilmente um plano estratégico chega ao fim sem que surjam modificações importantes, ou por emergirem novas estratégias ou porque algumas morrem no meio do caminho.

O mesmo Mitzenberg, em um livro organizado por Montgomery & Porter (1998), já havia alertado para o caráter artesanal da estratégia.

Nós mesmos (2003) já afirmamos que há uma relação dialética entre Estratégia, Planejamento e Controle, o que leva a que o processo seja dinâmico e ajustável da realidade.

Uma cultura de planejamento caracteriza-se por estar sempre atenta ao triângulo formado pelos três elementos. Na seqüência natural do processo de negociação, a identificação do problema, a percepção de sua estrutura e de seus desdobramentos geram a necessidade de pelo menos uma opção estratégica, ou seja, o planejamento nada mais é que a organização das potencialidades disponíveis para tentar uma negociação de uma maneira e não de outras.

Ter, pois, uma cultura de planejamento é saber operar dialeticamente entre perceber um objetivo, mobilizar recursos para atingi-los e monitorar a execução a fim de realimentar todo o processo.

A característica básica do negociador é, nesse contexto, encontrar os meios necessários para fazer com que a solução identificada possa ser implantada. Cabe portanto ao negociador apontar para o caminho certo; para isso, ele precisa estar propenso a registrar e acompanhar todo o processo. Se vai conseguir é outra história. Nem sempre ter uma cultura de planejamento é suficiente.

Assim como fizemos para os outros aspectos culturais abordados, deixamos para o leitor uma citação de Mao Tsé-tung, para reflexão: "Quando você aponta uma estrela para um imbecil, ele olha a ponta de seu dedo."

2.2.7 Cultura Metodológica

Essa parte da cultura refere-se ao que podemos chamar de cultura técnica. Trata-se da parte da cultura do negociador que domina os meandros de uma negociação propriamente dita. Certamente, é esse componente que, articuladamente, deverá emergir no momento certo para estabelecer como se portar, provocar sua estabilidade emocional, perceber tendências e possibilidades durante a mesa de negociação e nos períodos que a antecedem.

Essa cultura fornece o uso intuitivo e espontâneo das ferramentas que domina e dos artifícios para contornar obstáculos e fazer convergir, o máximo possível, o resultado da negociação para os objetivos traçados durante o planejamento.

Uma cultura metodológica otimiza o processo de negociação porque elimina passos já testados por outros negociadores. Lembre-se de que o negociador conquista. Para que esse objetivo seja alcançado, ele precisa abrir suas trilhas ou se aproveitar dos caminhos que outros abriram. Torna-se obrigatório adensar cada vez mais sua cultura sobre as técnicas de negociar. Nada mais oportuno do que deixar uma posição de um grande conquistador, Aníbal, para reflexão sobre o interior daquele que se propõe conquistar algo e procura estruturar o seu próprio interior: "Acharei um caminho, ou abrirei um para mim."

2.2.8 Cultura de Resultados

Essa é a camada cultural que cuida do sucesso.

Para o nosso caso específico de negociação, a cultura de resultados configura-se como uma estrutura de ver o mundo que possui três vertentes que se complementam: uma comparativa, que busca avaliar os resultados projetados e os alcançados; uma corretiva, que busca ajustar parâmetros para que os desvios detectados sejam corrigidos; e uma evolutiva, que procura extrair da relação entre o planejado e o executado os conhecimentos necessários para adensar a própria cultura de negociação.

Convém destacar que uma cultura de resultados caracteriza-se, como todo componente cultural, como um clima de propensão a se comportar de determinada maneira. No caso em questão, o clima comportamental pode ser definido como a propensão a assegurar a obtenção de resultados.

Por outro lado, ela deve ser acompanhada por um forte componente ético, dado que o enfoque totalizante de uma negociação não pode ser dirigido, por definição, a resultados parciais e para o sucesso de segmentos específicos.

Deixamos para o leitor uma citação de James Branch Cabell, acerca de uma cultura ética orientada para resultados, para reflexão: "Embora seja razoavelmente bom deixar pegadas nas areias do tempo, mais importante ainda é fazer com que elas apontem um rumo louvável."

2.3 RESUMINDO

Com essa última abordagem acerca dos componentes culturais, apresentamos o que deve compor a estrutura cultural de um negociador.

Para uma visão esquemática de tudo o que foi apresentado até agora, analogamente à figura da Pirâmide de Negociação, o esquema das culturas associadas a um processo de negociação pode ser simbolizado também como uma pirâmide.

A Figura 2.2 ilustra essa visão articulada. Como se observa, há uma cultura de negociação que, no final das contas, está relacionada a todas

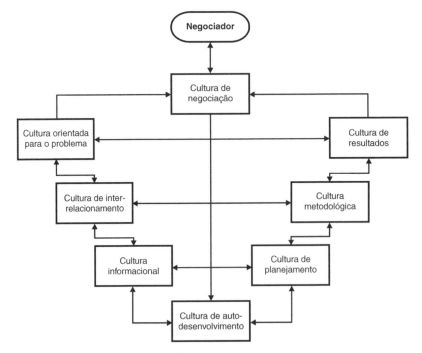

FIGURA 2.2 A cultura do negociador

as demais e que se revela, por um lado, como a base e, por outro, como englobante das diversas culturas específicas. O perfil do negociador revela-se, portanto, como uma cultura de múltiplas camadas que se articulam dinamicamente. Seu perfil emerge dessa cadeia articulada de culturas que se auto-realimentam.

Achamos que ficou claro que a cultura de negociação é um processo dinâmico que se realimenta por um elo de avaliação de resultados, que injeta na cultura existente novos conhecimentos obtidos pela ação prática de negociar. Tal realimentação deve ser objeto de um processo sistemático de disseminação do conhecimento novo, para fazer com que a cultura ganhe um vetor evolutivo, que possa garantir sua sustentabilidade e eficácia diante de novos desafios.

CAPÍTULO 3

Metodologia

Como o leitor deve ter percebido, a Pirâmide de Negociação é nossa referência estrutural. A partir dela construímos um esquema demonstrando as referências culturais necessárias para o desenvolvimento de um negociador.

Nossa metodologia não fugirá à regra. Para cada elemento da Pirâmide de Negociação existem recomendações de procedimentos que pretendem ajudá-lo a se posicionar de modo integrado diante de um processo de negociação.

Começaremos abordando o problema, passaremos por diversas etapas associadas a cada elemento da pirâmide, para culminar com a consolidação de uma cultura de negociação. Nossa intenção foi selecionar aspectos que, em nossa experiência, se apresentam como mais significativos. Esse posicionamento não invalida a sua busca de outras referências para adensar sua cultura de negociador. Ao contrário, a metodologia e a estrutura aqui apresentadas serão elementos facilitadores do seu processo de busca. Comecemos então, como dissemos, pelo problema.

3.1 A IDENTIFICAÇÃO DO PROBLEMA – MANTENDO O OLHO NA BOLA

Para se pensar um problema de modo articulado, torna-se necessário enfocá-lo além de seus limites. Essa frase pode soar estranha, mas é exatamente isso. Toda vez que um problema nos é apresentado, quem o formula, ou a própria forma com que capturamos as informações associadas, ou ainda pelas limitações naturais dos elementos que condicionam o problema, tendemos a vê-lo como pronto e acabado – caímos em uma armadilha.

A possibilidade de solucionar um problema está intimamente ligada à nossa capacidade de incorporar elementos faltantes que podem reorientar o foco de nossas atenções. Cabe aqui um comentário. Ver o problema além de seus limites não invalida a afirmação que fizemos quanto a "não combater o problema". Na realidade, ao aceitarmos o problema, naturalmente, precisamos perceber se não foram impostos limites pelos formuladores que podem levar a soluções tendenciosas ou, como se usa dizer na estatística, soluções com viés.

Um exemplo típico ilustrativo está nas negociações maniqueístas, ou seja, aquelas em que se confrontam elementos tomados como opostos: estatização *versus* privatização; abertura *versus* fechamento político, e várias outras. A prática de tantos anos enfrentando negociações complexas demonstra que toda discussão dessa natureza resulta em aceitar a oposição e não entender que pode haver uma solução que seja função dos dois elementos. Esse erro impede de perceber que, em vez de serem elementos opostos, os elementos são apenas eixos capazes de melhor representar a complexidade da questão. Recaem nesses casos o aspecto individual *versus* o coletivo e muitos outros.

Se esse tipo de abordagem tende a torcer a realidade quando apenas dois aspectos estão em jogo, imagine o que acontece quando o problema é multidimensional. Para ajudá-lo no desenvolvimento de um posicionamento mais adequado à análise de problemas, começaremos por estabelecer uma referência elementar.

Imagine um sujeito, que pode ser qualquer um de nós, defrontando-se com um objeto, tomado aqui no seu sentido mais amplo: uma coisa, um outro sujeito, um sistema, enfim, qualquer personagem vivo, inanimado, mecânico, simbólico, concreto, que se nos apresente. A partir daí, os passos metodológicos a serem seguidos são perguntas que precisamos formular para nós mesmos.

Primeiro passo: Que objeto estamos enfocando? A primeira coisa que necessitamos fazer é identificar claramente o que estamos observando. Se somos um dirigente, estamos observando nossa organização? Se somos um gerente operacional, estamos observando um subsistema? Se somos um usuário, estamos observando um aparato tecnológico? E assim sucessivamente.

É necessário que se perceba que a lógica que se utiliza é uma lógica sistêmica, em que se vê o objeto como um conjunto de partes que interagem para desempenhar uma função predeterminada. Parece simplório, mas não é. Se estamos no papel de participante de uma negociação, por exemplo, dedicamo-nos a identificar seus componentes, suas funções, suas formas de interação, o produto esperado, enfim, metodicamente identificamos partes, formas de interação e objetivos de cada parte e do todo, do mesmo modo que procedemos quando analisamos a causa de um defeito no nosso automóvel, o comportamento dos filhos, o trânsito, uma partida de futebol etc.

Segundo passo: Qual nossa intenção nessa relação? Ainda que pareça óbvia, a segunda pergunta que se deve fazer para pensar integradamente um problema remete ao que queremos do objeto que estamos enfocando. Somos meros observadores? Queremos obter uma resposta diferente do sistema identificado? Estamos analisando um desvio comportamental? Estamos negociando uma transação? Queremos projetar algo? Nesse instante nossa lógica interna unificadora está sendo ativada para processar as formas de relacionamento do objeto enfocado com as nossas intenções, respeitados certos paradigmas em termos de valores, hábitos e atitudes.

Terceiro passo: O que esse objeto pode vir a ser? Obviamente, se a intenção no segundo passo for meramente contemplativa, o processo termina aqui. Só que não estaríamos pensando estrategicamente. Ainda que o resultado do pensar estratégico final possa ser algo como deixar as coisas como estão, é necessário mentalmente ir mais à frente e ativar os mecanismos internos associados à intuição e à criatividade e que, habilmente, rearrumam o objeto, introduzem variáveis não consideradas na concepção do objeto observado, eliminam outras e acabam por articular os elementos selecionados, de modo a, simbolicamente em nosso pensa-

26   Capítulo Três

mento, ser visualizado um novo objeto. Algo como uma nova empresa, uma solução inteligente para uma negociação – que parece não levar a lugar nenhum; um novo aparato tecnológico; um novo uso para algo etc. Pensamos um novo objeto.

Quarto passo: Qual a possibilidade de transformar no tempo o objeto enfocado? Mentalmente chegamos a um ponto de desequilíbrio provocador de mudanças. Dois objetos estão à nossa frente, o atual e o projetado. Inicia-se aí um intenso trabalho mental de identificar, avaliar e apostar em elementos como oportunidade, probabilidade e viabilidade, em que fatores externos aos objetos considerados passam pela nossa cabeça acenando com ameaças – e formas de contorná-las; fraquezas – e hipóteses de superação; e potencialidades – e formas de aproveitamento; enfim, delineia-se em nosso cérebro um novo horizonte.

Em termos práticos, trata-se de uma especulação espaço-temporal do objeto totalmente residente no simbolismo do nosso cérebro, pelo qual projetamos uma realidade futura, onde ele existe. Surge para nós o momento de tomada de uma decisão interna. Como já alertado, a decisão que tomaremos estrategicamente tem uma gama de possibilidades; vai de deixar as coisas como estão até à mudança planejada para atingir o salto de qualidade projetado. Na solitude do nosso interior, o verdadeiro local da criação, nesse momento só nós podemos optar. A partir daí, muitas vezes esse mecanismo de pensar ser-nos-á útil para rever posicionamentos. Mas não basta só pensar estrategicamente, o momento seguinte também é muito importante, ainda que não exista sem o primeiro: o tempo de operacionalizar o idealizado.

3.2 ESTRUTURAS E DESDOBRAMENTOS DO PROBLEMA

3.2.1 Considerações Genéricas

Uma das primeiras preocupações que a metodologia aborda, como vimos, é entender exatamente o significado do tema que se está negociando. Convém repisar que a experiência vivida demonstra que às vezes as pessoas vão para uma negociação sem saber do que será tratado. Pelo menos, vão tentando interpretar o que a caracterização descritiva da negociação vai tratar, feita por terceiros. Nessa hora, há uma tendência de se interpretar vocábulos sem que o negociador se inteire dos seus

Metodologia **27**

verdadeiros significados, por preguiça, negligência ou conhecimento distorcido.

Na prática, o tema da negociação não costuma se caracterizar como um fato singular desconectado da realidade. Na verdade, o problema é um elemento de uma rede de relações em cadeia e sistêmicas que precisa ser avaliado em toda a sua extensão. Ou seja, há uma estrutura da qual o problema faz parte e uma série de desdobramentos temporais associados. Entendamos como proceder.

Os principais elementos componentes da estrutura que compõe o tema precisam estar perfeitamente definidos para o negociador. Isso será conseguido se você se dispuser a ler a documentação de suporte ou tiver acesso a informações abertas sobre o tema: bibliografia, *sites* especializados, revistas temáticas ou relato pessoal de especialistas. Não hesite em perguntar; se os dados não estiverem disponíveis, ligue para quem domina o tema e pergunte. Não esqueça de superar os limites do problema.

Com relação aos possíveis desdobramentos do tema, uma primeira rodada de negociações pode ser apenas um pontapé inicial para que o tema seja aprofundado, esmiuçado ou desenvolvido por equipes especificamente designadas para tal. Ter idéia dos passos estimados seguintes pode permitir que você prepare os membros de sua equipe para as próximas etapas de trabalho e, se possível, já participando como ouvintes da negociação inaugural.

Finalmente, convém preparar um resumo particular sobre o tema pelas três óticas apresentadas anteriormente, para que você tenha suas próprias referências para poder atuar. Faça um resumo explicativo para si mesmo que caiba em uma página.

Aliás aqui cabe um parêntese. O esforço de síntese é fundamental. De nada adianta entrar em uma reunião de negociação com dezenas de páginas sobre o assunto. Você pode ter em mente a seguinte máxima: "A capacidade de encontro da informação no menor tempo possível, a menos de elementos indexados previamente, é inversamente proporcional ao número de páginas do resumo." Quanto mais páginas, pior. Você mesmo já deve ter se embaralhado quando pega, por exemplo, um livro e tenta mostrar a alguém a frase importante que leu há cinco minutos e não acha de jeito nenhum. A grande dificuldade do analista reside na incapacidade de isolar o que é relevante do que é supérfluo.

28   Capítulo Três

Uma analogia importante que você pode ter em mente agora é que a figura que melhor ilustra a idéia da informação complexa é a cebola. A cebola possui camadas que você pode ir retirando até que chegue ao núcleo central. A informação é algo assim.

Existe a informação básica, e por cima dela vão se definindo estruturas que, como afirma Kientz (1973), caracterizam embalagens que apenas servem para dar forma final ao conteúdo. Fazer uma síntese é expulsar os adornos componentes do discurso e ater-se ao elemento informacional relevante. Um bom exemplo é este mesmo parágrafo. Escrevê-lo sinteticamente poderia se resumir a uma frase: registre a informação relevante. Todavia, para reforçar o sentido e a idéia mestra, utilizaramse aproximadamente dez linhas. Ou seja, o produto foi embalado para presente. Aqui, dado o objetivo do documento, isso se justifica. Todavia, como lembrete para você mesmo, tal recurso seria desnecessário.

Assim, identifique as palavras chaves e adicione um atributo que ajude a rememorar. Por exemplo, dado o texto: "... a retomada do ritmo inflacionário faz prever que os custos dos insumos superem as previsões constantes das planilhas de resultados, resultantes do II Plano anual de metas da empresa...". Seria razoável anotar no seu resumo algo como: "inflação – em crescimento; lucros – comprometidos".

A associação de duas palavras – uma chave e uma qualificativa – cria uma miniestrutura que facilita a recuperação do conteúdo total. Se você considerar que se sentirá mais confortável em adicionar uma terceira, faça-o; o importante é que o resumo, como sói acontecer com os resumos, resuma e não reproduza exaustivamente um outro texto. De uma maneira análoga, pense em uma foto e uma caricatura: na primeira todos os detalhes estão presentes; na segunda, apenas detalhes significativos, mas você não tem a menor dúvida de a que ela se refere.

3.2.2 Inferindo Expectativas

Um fato adicional na identificação correta de um problema, principalmente se está em jogo uma negociação, é inferir com a maior propriedade possível o que os personagens que se envolvem, ou que serão afetados pelo processo de negociação, esperam.

Ainda que esses dados não estejam disponíveis, é possível um posicionamento prévio estimado a partir de uma reflexão sobre os personagens, baseado em inferências lógicas sobre o quadro de interesses daqueles que estão prioritariamente interessados na reunião. Para isso você pode lançar mão de um instrumento denominado diagrama de expectativas. Mas você deve estar se perguntando: como traçar esse diagrama?

Originalmente, o diagrama de expectativas, criado por mim e por Eraldo Montenegro, foi apresentado em 1990 no livro *O Gerente do Futuro*. Ali tecíamos as linhas gerais da forma de traçar tal diagrama e sua função-utilidade.

Um diagrama de expectativas é um desenho composto por cinco elementos e suas relações. O diagrama apresenta um elemento central, que é o problema que se está enfocando, ou a negociação que pretende ser feita, ou um fato cujos possíveis impactos se pretende avaliar. Os demais elementos são, obrigatoriamente, quatro personagens. O segredo do diagrama é seu efeito de síntese e sua referência para registrar as expectativas desses personagens com relação ao tema central do diagrama.

O número quatro visa a definir um número administrável de relações e serve como moldura para forçar o esforço de síntese do analista. O número de relações totais que o diagrama oferece pode chegar a 20. A forma de traçá-lo obedece ao roteiro a seguir.

- Coloca-se o tema central sob análise como foco principal em um círculo no meio do papel.
- Desenham-se mais quatro círculos formando os vértices de um quadrado, com o tema em seu centro.
- Escolhem-se os quatro atores comprometidos com a negociação, de tal modo que, em uma curva ABC, podem ser considerados os elementos prioritariamente envolvidos e, portanto, capazes de contribuir para o desenvolvimento de uma visão articulada sobre o tema.
- Preenche-se cada círculo em branco com o nome de um personagem.
- Traçam-se setas orientadas conectando cada personagem ao problema e vice-versa.
- Traçam-se setas com dupla extremidade interligando cada um dos personagens envolvidos. Para esses conectores, coloque um ponto no meio para caracterizar a existência de duas setas, uma indo em direção a um personagem e outra em sentido oposto.

Capítulo Três

- Como convenção, a seta entrante significa a expectativa que o personagem tem do tema ou de outro personagem com relação ao tema.
- Exercite sua criatividade identificando uma e somente uma palavra que melhor caracterize cada expectativa repetida.
- Atenção: Não é permitido repetir nenhuma palavra e elas todas devem ser da mesma natureza. Por exemplo, se a palavra que caracteriza uma expectativa é um substantivo designador de ação, todos os outros devem ser. Exemplo: se um personagem espera superação de outro personagem, todos os outros precisam manter essa categorização, como engajamento, envolvimento etc.

Vamos ilustrar com uma situação simples. Suponha que há uma negociação acerca da distribuição de um novo produto no mercado.

Comece colocando no foco a negociação futura para a elaboração de um novo produto.

Admita que poderão compor o rol de personagens mais significativos do processo os profissionais da produção, de marketing, de vendas e de aquisição de insumos.

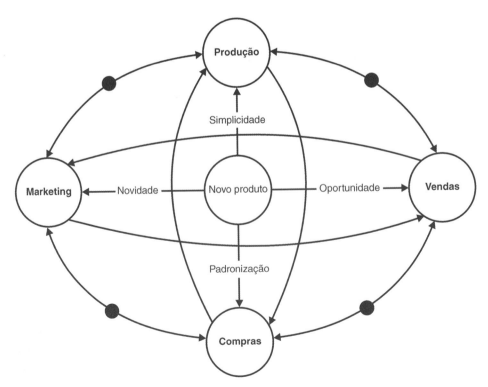

FIGURA 3.1 Diagrama de expectativas

A seguir, busque identificar que expectativas estão presentes nas relações entre os atores e entre os atores e o foco. Vamos admitir, para começar, que o pessoal de marketing espere do produto novidade; o da produção, simplicidade; o do insumo, padronização; e o de vendas, oportunidade. O esboço inicial ficaria como mostra a Figura 3.1.

Observe que existem setas duplas, ou seja, para esses ramos são necessárias duas palavras, uma relacionando a expectativa do ator A em relação ao ator B e outra no sentido contrário.

Lembre-se de utilizar somente uma palavra para caracterizar a expectativa e a mesma categorização para todas as palavras, ou seja, se vai utilizar em um diagrama um verbo no infinitivo denotativo de transação, todas as demais expectativas deverão ser verbos da mesma categoria, como vender, comprar, trocar etc. No exemplo utilizado, as palavras devem ser substantivos de condição e operação que foi a categoria utilizada nas quatro palavras escolhidas. Um dicionário analógico da língua portuguesa é excelente instrumento para essa fase do trabalho.

Como exercício, procure completar o diagrama, pensando quais as palavras que, em sua opinião, devem melhor representar as diversas relações de expectativas que faltam.

A partir daí, observe como o diagrama o ajudará na atividade de preparação, já que fornece uma base de avaliação das expectativas dos personagens com relação ao resultado da reunião.

O uso dessa ferramenta de análise, além de garantir maior objetividade no tratamento do tema, possibilita a construção de argumentos para intervenções, quando surgem digressões impróprias. Lembre-se de que, sem a menor sombra de dúvida, você será a única pessoa capaz de perceber o sentido e a articulação de vinte vocábulos sobre o tema tratado. Se você souber utilizá-los na hora certa, será imbatível, em termos de argumentação.

Conhecendo o problema e as expectativas dos personagens envolvidos, você estará apto a se organizar para melhor atuar.

3.3 A CONSTRUÇÃO DO SUJEITO COLETIVO – INTEGRANDO PESSOAS

A leitura sobre a importância da construção de um sujeito coletivo no ambiente produtivo é extensa e variada, notadamente por sua contribuição para a absorção do novo ante os processos de mudanças.

32 Capítulo Três

Pierre Levi evidencia que, na fronteira do conhecimento empresarial, o sujeito coletivo seria aquele em que todos conheceriam tudo sobre o negócio. Uma condição praticamente impossível de ser conquistada, porém conveniente de ser perseguida quando o desafio é marcado pela permanente agregação de valor ao produto.

Muitos são os modelos propostos para que o sujeito coletivo de um negócio se concretize. Entretanto, é incrível a insensibilidade quanto à necessidade de aprimorar o mais freqüente deles todos – a reunião de trabalho.

O contraditório é que sempre se reclama da falta de um pensamento comum, ao mesmo tempo em que se organiza, individualmente, uma enorme lista daquilo que desagrada a todos quando convocados para participar de reuniões de trabalho.

Uma primeira evidência dessa constatação é a falta de percepção da importância da reunião de trabalho como fórum de soluções. Imagine como tomar decisão a respeito de investimentos no seu condomínio sem a ocorrência de uma reunião. Sempre se remete o problema para o síndico. Conhecer e debater o desempenho escolar dos filhos, por exemplo, assim como apreciar novos caminhos para que o aprendizado se realize com mais sucesso, pode remeter a uma reunião na escola. Certamente, aí também se configura um momento estratégico de ampliação da sua rede de relações pessoais e de incorporação de novas idéias no âmbito da socialização dos filhos. A família, o clube e a igreja representam outros núcleos coletivos que exigirão em muitos momentos encontros de pessoas, quando se buscam soluções. Em todos eles reforça-se a oportunidade de ampliar sua base de informações. Na empresa não poderia ser diferente.

Os processos de trabalho acabam por capilarizar as informações, fazendo com que, em relação ao todo, as pessoas fiquem parcialmente informadas. Ampliar a compreensão coletiva sobre o negócio e obter soluções totalizantes conduzem, naturalmente, a uma reunião de trabalho. Através das reuniões, a complexidade de uma solução pode ser diminuída pela multidisciplinaridade dos participantes e pelas vivências diversificadas.

A existência de um espaço democrático, livre da rigidez de uma cadeia de decisão, em que se admite a liberdade de expressão, propicia a liberação da criatividade e desenvolve a confiança coletiva.

Através das reuniões podem-se agilizar soluções com diminuição dos riscos. Não refletir sobre tais constatações significa aumentar o mau humor, diminuir a produtividade, inibir a criatividade, acelerar o estresse, enfim, perder qualidade de vida.

Logo, revela-se como necessária a incorporação dos argumentos que garantem a importância das reuniões, para admiti-las como parte integrante de uma estratégia de negociação futura. Para isso, convém retomarmos o tema reunião e suas dúvidas.

3.3.1 Para que Servem as Reuniões?

Um fato primordial que se deve ter em conta quando se fala em reuniões, é que a cultura geral sobre o assunto divide a reunião em dois tipos extremos: de um lado, as reuniões que se poderiam apelidar genericamente de reuniões mobilizatórias, ou seja, aquelas que envolvem, de um modo ou de outro, as situações que buscam a definição clara de um sujeito coletivo da ação; e as reuniões negociais, nas quais estão envolvidos, no mínimo, dois opositores, você e seu oponente.

A grande diferença entre as duas reside em que, no primeiro caso, os participantes estão atrás de um modelo de atuação conjunta, visando a um objetivo comum para o grupo. No segundo caso, as negociais, existem dois interesses distintos, o seu e o do outro. No final, se os dois conseguirem alcançar seus objetivos ótimo, mas se só você alcançar, o que parece muito difícil, embora probabilisticamente possível, ótimo também.

Em conseqüência, as reuniões de negociação certamente aderem bastante aos modelos que serão aqui apresentados; todavia, possuem características manipulativas, inerentes ao processo negocial, que não cabem no escopo do presente capítulo.

O escopo do presente capítulo reside, pois, em tratar, como se infere da introdução, de reuniões mobilizatórias, ou seja, aquelas que buscam construir um sujeito coletivo de ação, visando a um projeto comum. Claro que sempre haverá uma pitada de negociação, que não invalida o espírito de construção de um sujeito coletivo, até porque nem sempre os objetivos comuns são igualmente percebidos por todos.

Feita essa digressão, está na hora de responder à questão proposta inicialmente: para que servem as reuniões?

34 Capítulo Três

As reuniões, além das negociais, servem para atender a pelo menos cinco intenções básicas:

- obter informações acerca de fatos que necessitam ser compartilhados pelos diversos elementos para que cada um, em sua esfera de atuação, possa dirigir sua energia para tomar decisões coerentes com a informação recebida;
- construir uma opinião coletiva sobre um tema controverso que pode afetar o destino da organização ou do grupo e que tende a ser mote de negociações posteriores;
- avaliar o andamento de atividades de modo a ajustar tempos e movimentos e recursos, tendo em vista a necessidade de coordenar ações para o cumprimento de metas preestabelecidas;
- atenuar conflitos provocados por posicionamentos radicalizados pela distância ou por visões conceituais diferentes;
- motivar pessoas para a necessidade de se buscar uma ação cooperativa em prol de determinado objetivo, no nosso caso, uma futura negociação.

Como se observa, as reuniões de trabalho, ainda que aqui estejam sendo enfocadas pelo seu lado mais empresarial, podem ser utilizadas em qualquer ambiente por qualquer grupo que tem um objetivo e pretende alcançá-lo, através de uma ação coordenada de subgrupos ou pessoas.

Revela-se, pois, como importante instrumento de constituição de um sujeito coletivo.

Se é assim, por que todos detestam as reuniões de trabalho?

Talvez, antes de tudo, você devesse listar quais as reclamações mais habituais. Sem querer esgotá-las, é possível reunir algumas observações que podem lançar uma certa luz sobre essa dúvida:

"O que mais faço é participar de reuniões."

"Não entendi a razão da reunião."

"Perdi tanto tempo para nada."

"A reunião não chegou a nenhuma conclusão."

"De que adianta a reunião se o problema parece se encerrar com a ata e não se cumpre o acordado?"

"Tive que parar um trabalho apaixonante no meio para comparecer a esta reunião, e acabei perdendo um tempo enorme..."

"Havia um personagem que atrapalhou toda a reunião, e o coordenador não falou nada."

Você talvez possa incluir um sem-número de observações sobre o fato de alguém detestar reuniões.

Uma observação da lista demonstra que o grande problema das reuniões não depende apenas da reunião em si, mas da falta de cuidado em se entender o motivo da reunião, dos óbices ambientais que a condicionam e do anacronismo entre a reunião e os fatores urgência, prioridade, realidade e descompromisso com o futuro das reuniões de que todos participaram. Reuniões assim não geram sujeitos coletivos, afastam os sujeitos dos objetivos.

De qualquer modo, um olhar mais ou menos atento a qualquer lista formada encontrará uma invariante que pode ser reduzida a quatro aspectos: falta de preparo, conflito espaço-temporal, negociação maldesenvolvida e comportamentos inadequados.

- Falta de preparo: nesse caso, você, e o motivo agora não interessa, chegou à reunião completamente despreparado, logo, está mais perdido do que cego em tiroteio, não sabe do que se trata, as informações, teoricamente pertencentes à cultura comum sobre o tema, você não domina e assim por diante – o antídoto: fazer seu planejamento.

- Conflito espaço-temporal: você foi com uma má vontade tremenda porque teve de interromper algo de suma importância; em princípio a culpa não é sua, está naquele que determinou a reunião sem o devido cuidado. Lembre-se todavia de que existe a hipótese de ser uma emergência; de qualquer modo, o problema é evidente – o antídoto: ajustar-se ao objetivo.

- Desenvolvimento inadequado: você pode ter ido preparado e estava com toda a disponibilidade do mundo, mas a reunião estava um caos, não havia início, meio e fim claros, as pessoas se atropelavam, todos queriam impor suas idéias, ou, ao contrário, ninguém podia falar nada. Não havia sujeito coletivo a ser construído. Tratava-se de uma fogueira de vaidades. Você pode ter até uma parcela de culpa, se, tendo percebido a falha, não conseguiu direcionar o processo para um jogo de soma positiva, mas a falha é claramente do coordenador da reunião, que não soube fazer convergir para o objetivo – o antídoto: participar da condução.

36 Capítulo Três

- Comportamentos inadequados: apesar de tudo estar perfeitamente azeitado, você preparado, a reunião perfeitamente ajustada no tempo e no espaço, o condutor extremamente objetivo, surgem um ou mais personagens que atrapalham todo o andamento dos trabalhos – o antídoto: colaborar para a sua neutralização.

Como se observa, terceirizar a responsabilidade, como todos têm o hábito de fazer, não se afigura como recomendável quando o tema é reunião de trabalho e o objetivo é construir um sujeito coletivo, no fundo, sua equipe de negociação.

Optar pela auto-exclusão e viver o papel da vítima constrói uma posição contrária àquela que permitiria resultados mais promissores e, portanto, avessos ao processo de construção de um sujeito coletivo.

Viver a decepção de uma reunião de trabalho quando da sua execução denuncia a falta de uma ação proativa capaz de provocar, através de negociações, os ajustamentos necessários.

Quando a realização de reuniões objetivas e produtivas não faz parte da cultura da organização, permite-se que muitos outros interesses inibam as verdadeiras necessidades do negócio e passem a influenciar todos os aspectos relacionados com a reunião, tornando-a instrumento de fins duvidosos. Assim, atuar estrategicamente no contexto de uma reunião de trabalho pressupõe a avaliação antecipada de um conjunto de elementos tangíveis e intangíveis viabilizadores de resultados.

Preparar-se para uma reunião de trabalho marca de forma definitiva o ponto de partida. Nunca esqueça que a maior ameaça à sua preparação é a melhor preparação do concorrente na futura negociação, o que significa a necessidade de você possuir sempre um bom estoque de argumentos que possam vir a reforçar suas posições.

Aqui, o desenvolvimento cultural entra como grande diferencial e não pode ser obtido em curto prazo de tempo. O hábito de boas leituras, buscando absorver o que pensam os grandes mestres, além de enriquecer o discurso, garante mais segurança nos pronunciamentos. Procurar registrar organizadamente os bons exemplos ajuda a construir uma biblioteca de aplicações e protege-o da reinvenção da roda. Na medida em que não são poucas as armadilhas presentes nas negociações futuras, um bom estoque de vivências anteriores torna possível desarmá-las. Vivências estas que, se forem difundidas pelo grupo, geram uma equipe com forte poder de negociação.

Surge uma constatação complementar: existem situações que condicionam previamente as reuniões e que, se não forem previamente percebidas, tornam todos os trabalhos preliminares inócuos, e, portanto, precisam obrigatoriamente ser objeto de sua atenção.

3.3.2 Como É Possível Relacionar Reuniões e Ambientes Organizacionais? Isso Faz Diferença?

Faz realmente muita diferença. Em primeiro lugar é conveniente refletir que as mudanças organizacionais apregoam a substituição das pesadas estruturas departamentalizadas pela organização voltada para o processo. Torna-se importante que você entenda que, no primeiro caso, existem estruturas verticais de poder e no segundo, a estrutura horizontal tende a distribuir o poder decisório, já que forças-tarefa se formam com elementos multidisciplinares para atuar sobre um nicho específico de interesse.

A diferença dos dois casos é que, em estruturas departamentalizadas, o poder é definido *a priori*, ou seja, a tomada de posição final depende do poder hierárquico presente. No segundo, há necessidade de um processo de tomada de decisão porque, ainda que haja um coordenador, um responsável final, a decisão tende a ser grupal e o líder da reunião de trabalho é um elemento que busca extrair do todo a melhor decisão.

Todavia, não se pode esquecer que, como subconjuntos, existem:

- reuniões de trabalho técnico especializadas, cujo caráter opinativo é baixo, ainda que permitido, devido ao caráter científico envolvido;
- reuniões de trabalho abertas, normalmente reivindicatórias, em que o caráter opinativo e individualizado está presente e é aguardado; e
- reuniões de distribuição de tarefas, em que apenas se tiram dúvidas sobre o papel que cada um pode desempenhar e em que opinar é tido como fato acidental.

Mesmo que esses sejam alguns estereótipos das diversas sub-reuniões, há que se ter em mente que uma coisa é opinião, outra é a informação baseada na experiência. Assim, tanto as reuniões técnicas quanto as de distribuição de tarefas não podem prescindir da experiência prática.

38 Capítulo Três

Imagine uma reunião que divida responsabilidades de distribuição de propaganda eleitoral entre um grupo de pessoas de baixa renda. Parece não haver lugar para opiniões, na verdade serão centenas de panfletos, por exemplo, a serem distribuídos por tantas pessoas em um determinado período de tempo. Todavia, nada impede que um dos designados para distribuir informe que, tendo em vista sua experiência em atividade semelhante, o local definido trará certas dificuldades, por causa de um ou de outro motivo. Anote essas diferenças, que serão usadas mais à frente.

Finalmente, ao participar de uma reunião de trabalho, você precisa ter sempre em mente uma recomendação de caráter filosófico. Essa recomendação está ligada a uma distorção da compreensão do que é exercer a democracia.

Diz-se que a democracia existe quando se pensa a solução, ou seja, nesse momento toda opinião é bem-vinda. Todavia, tomada a decisão, há que se cumprir as tarefas que foram alocadas a cada um. Isso vale como princípio filosófico para qualquer reunião. A reunião é a hora e o local apropriado para opinar, fornecer, obter, enfim, permutar informações fruto da experiência e do conhecimento individual. Em outras palavras, constrói-se um sujeito coletivo; definem-se as metas, distribuem-se as tarefas, e, daí para a frente, a meta é o sucesso na negociação a ser realizada.

3.3.3 Há Algum Cuidado Maior que Possa Orientar as Reuniões como um Todo?

Na realidade, podem ser identificados dois cuidados: com as partes sobrepujando o todo e com a soma dos desejos.

No primeiro caso, a colocação precisa ser entendida como a não-observância de uma visão qualitativa dos fatos que pode gerar conseqüências quantitativas graves. Nunca esquecer que "o todo é maior que a soma das partes".

Em termos práticos, esse fato foi muito utilizado em treinamentos gerenciais em que os grupos eram desafiados a responder questões sobre determinado conteúdo. Inicialmente, cada indivíduo respondia as questões e, posteriormente, reunia-se com seus pares, e refaziam-se os questionários. O resultado apurado ao final dessa etapa fornecia uma pontuação maior do grupo em relação a qualquer indivíduo.

Em uma reunião de trabalho, o todo deve ser melhor que a soma das partes. A provável aceitação *a priori* dessa colocação não a torna dispensável de uma visão abrangente. O suposto inicial que caracteriza uma reunião preparatória de uma negociação seria a existência de diversos personagens detentores de conhecimentos e habilidades específicos, em que intercessão desses conhecimentos e habilidades justifica o próprio fato de estarem presentes na reunião.

Ora, inegavelmente, o líder, como se verá mais à frente em termos práticos, fará um esforço de estabelecer uma guia em torno da qual se fará a convergência das contribuições individuais. Todavia, usando-se um chavão mais do que desgastado, essa guia deve ser vista como uma trilha e não um trilho, na medida em que, se o que desembocar no fim da reunião, metaforicamente, no fim da trilha, for um produto exatamente como o concebido pelo coordenador, pode-se dizer, sem exagero, que não houve reunião, já que não houve contribuições individuais.

Anteriormente, exemplificamos com o caso da distribuição dos panfletos, em que uma contribuição surgiu de quem viveu a prática de uma situação, sem nenhuma preocupação mercadológica. Tome carona nesse exemplo e faça um esforço para imaginar-se em uma reunião de trabalho em que vai ser discutida uma nova forma de troca de informações entre as gerências, de modo a facilitar a emissão de mapas de controle da produção e descentralizar o controle sobre algumas etapas intermediárias da produção, e sua equipe precisa se posicionar a respeito. Ou seja, a negociação futura poderá definir que a sua responsabilidade aumentará e o controle externo será reduzido, mas especializado.

Se, ao fim da reunião, você não tiver contribuído com os aspectos de seu conhecimento, tanto teóricos quanto práticos, sobre suas necessidades, possibilidades e dificuldades informacionais, os problemas só começarão a aparecer quando, durante a negociação, você perceber o custo de dar determinada informação, a falta de sincronia entre quando você precisa de determinada informação e o momento efetivo de sua chegada e a simples constatação de que no papel as coisas pareciam lindas, mas, na prática, havia problemas que deixaram de ser explicitados, convergências ou divergências não-equacionadas, e você se sentirá perdido, porque as partes foram preservadas sem contribuírem efetivamente para o todo.

No segundo caso, o fato que se opõe ao cuidado anterior consiste na mera incorporação acrítica das contribuições individuais – a chamada

40   Capítulo Três

soma de desejos. Uma das principais falhas de um processo de reunião é adicionar para não criar constrangimentos. Ainda que devam ser levadas em consideração todas as possíveis contribuições, existe uma palavra chave que deve perpassar o processo de construção do todo: articulação.

Para que se perceba melhor a idéia, imagine que dada uma linha de raciocínio, como no exemplo do item anterior, alguém ache que as informações de entrada devam seguir determinado formato e outra pessoa repute outro formato como melhor. Dificilmente será possível incorporar os dois; todavia, não soa impossível comparar os dois formatos, observar complementaridades, identificar incompatibilidades e articular os dois de modo a que o formato dos dados de entrada recaia na recomendação do item anterior, e o todo fique maior que a soma das partes. Com essa informação dominada, a futura negociação tende a ser proveitosa para seu lado.

Perceba o significado desse princípio, associado ao anterior. A capacidade de tornar o todo maior do que a soma das partes é fruto da capacidade de articular idéias que podem até ser aparentemente opostas, mas que, a partir de uma correta verificação de suas complementaridades, podem gerar um conhecimento englobante mais rico e mais complexo.

As duas preocupações servem, pois, para definir um espaço que dá a dose certa entre a capacidade de manter uma linha de conduta básica e a capacidade de conseguir selecionar e incorporar de modo articulado as contribuições, de tal modo que o conhecimento coletivo resultante sobre o tema supere os conhecimentos individuais.

3.3.4 Há Alguma Tipologia Temporal de Reuniões? É Necessário Algum Cuidado Especial?

Sim, cuidados especiais precisam ser tomados porque reuniões diferentes possuem tempos próprios diferentes e, portanto, estabelecem condições operacionais que dificultam um posicionamento *a priori*. Para que um posicionamento adequado se realize, é possível identificar quatro tipos de reunião, quando o aspecto tempo está em jogo.

- Emergenciais: claro que esse é um fator altamente condicionante da sua participação. Nada mais complicado do que receber o seguinte comunicado: O sistema elétrico que fornece energia para nossa estação na localidade Y caiu, temos três horas de funcionamento por baterias, o senhor está sendo convocado para uma reunião daqui a quinze minutos e pode levar quem quiser. Lógico que esse é um caso claro de que se preparar é uma impossibilidade. Todavia, o perigo está em que a supervalorização do próprio trabalho tende a dirigir as reuniões para se tornarem sempre emergenciais.

– Alerta vermelho: cuidado com a emergência sem a correspondente urgência dos fatos.

• Eventuais: reuniões convocadas com certa antecedência tendo em vista aspectos conjunturais, problemas específicos detectados e outros similares. Essas são mais confortáveis, já que admitem um preparo antecipado. Um problema básico reside na falta de análise prévia da prioridade da reunião com relação às prioridades das demais tarefas suas e dos outros participantes.

– Alerta vermelho: cuidado com a eventualidade que se revela incompatível com a rotina.

• Inaugurais: reuniões que pretendem lançar as bases de algum projeto ou de ação coletiva. Dependendo do tema, podem exigir algum conhecimento prévio. Todavia, a tendência é de se preparar mais para ser ouvinte. O problema dessas reuniões é que uma mera intenção não-estruturada, dependendo do gestor, pode promover uma rodada de reuniões sem nenhum horizonte de desdobramentos. Depois, o que será negociado?

– Alerta vermelho: não comece se não sabe como continuar.

• Periódicas: essas são reuniões bastante paradoxais. Como são definidas previamente, não se justifica a presença sem estar preparado. A periodicidade tende a causar dois tipos de problemas: a reunião pela reunião, quando não há assuntos a serem futuramente negociados, mas a reunião de trabalho é realizada; ou quando a reunião perde a prioridade diante de outros temas e é constantemente remarcada.

– Alerta vermelho: cuidado com a periodicidade sem a prioridade.

Entendida a forma de se construir um sujeito coletivo pelo uso inteligente das reuniões, utilize-as para capturar as informações e aglutinar pessoas em prol do objetivo futuro que é negociar.

3.4 PESQUISANDO INFORMAÇÕES – VOCÊ NA ESCUTA

3.4.1 O Radar Informacional Ligado

Uma das preocupações mais relevantes em um processo de negociação prende-se à possibilidade de você ser dominado por uma armadilha informacional. Em nível mundial, repete-se à exaustão que uma relação de dominação pode ser construída tendo como matéria-prima a assimetria informacional. Reflita um pouco sobre isso.

Em uma publicação nossa (2003), argumentamos que há uma diferença entre ter a informação e compreendê-la. Ressaltamos na ocasião que se caracterizam desse modo duas instâncias distintas não necessariamente presentes na relação que existe entre um indivíduo e a informação que ele acessa.

Em conseqüência, o domínio pela falta de informação pode vir a dar lugar ao domínio pela incapacidade interpretativa do receptor. Repare que a base sobre a qual se assentam as duas formas de dominação é filosoficamente diferente:

> "no primeiro caso, por não ter acesso, o indivíduo é incapaz de perceber a informação – ela não existe para ele;
>
> no segundo caso, a informação chega ao indivíduo mas este não consegue interpretar a informação de modo consciente, o que resulta ou em um mero empilhamento informacional sem sentido, ou na incorporação literal do sentido fornecido por terceiros ao transmitir a informação – no caso seu oponente negociador."

Seu desafio reside em responder previamente a uma questão importante acerca da negociação em que vai participar: como selecionar, interpretar, articular, guardar e distribuir a informação relevante? Surge a necessidade de uma estratégia informacional.

Claro que a complexidade dos temas e o caráter multidisciplinar que envolvem o conjunto de informações que cercam o gestor não permitiriam pensar que a passagem da concepção da estratégia montada para a execução da estratégia seja tarefa para um homem só – e o papel de sua equipe cresce de importância.

A busca coletiva do conhecimento que pode dar contexto ao tema que vai ser tratado, mesmo que você tenha certeza de que o tema é só um artifício para a verdadeira luta que será travada, revela-se fundamental para que você não seja tomado pela perplexidade quando seu opositor e a equipe que o acompanha começarem a demonstrar intimidade com o tema básico referenciado e insinuarem maliciosamente que você está por fora. O pior é que, com o flanco informacional aberto, realmente você mesmo está consciente de que está de fato por fora.

Além disso, recomenda-se que você se mantenha atualizado, não só sobre o tema específico, mas, fundamentalmente, com os temas do cotidiano social. Demonstre interesse e conhecimento pelos assuntos que constam do dia-a-dia jornalístico. Não custa nada porém ir um pouco além.

Procure obter conhecimento sobre temas inovadores, sobre hipóteses acerca do futuro, sobre impactos tecnológicos, enfim perscrute o futuro. Mas não leia e apenas reproduza. Desenvolva o hábito de ler interpretando criticamente o que leu. Não se deixe levar pelos formadores de opinião. Saiba filtrar o que ouve.

Existe, todavia, no trato informacional um forte fator complicador: como lidar com a incerteza? Klein (2003) afirma que são cinco as fontes da incerteza: perda de informação; informação não-confiável; informação com ruído; informação conflitante e informação confusa. Logo, em um processo de busca de informações complementares, para ganhar poder de negociação cabe a você zelar para que a informação seja completa, confiável, articulada, fidedigna e compreensível. Mas nem sempre a informação completa é suficiente, é preciso interpretá-la. Exploremos esse aspecto.

3.4.2 Cuidado com as Armadilhas

Uma das coisas mais complicadas quando se estabelece uma negociação entre duas pessoas está na dificuldade de perceber com clareza o que o outro está argumentando.

Parece estranha essa afirmativa, mas o leitor pode observar com cuidado que a maioria das discussões, às vezes calorosas, entre os indivíduos vem dessa falha.

Nós mesmos já tivemos a oportunidade de participar de diversas reuniões como coordenadores, nas quais fomos obrigados a interceder, quase apartando uma briga, simplesmente porque um dizia algo que o outro entendia de modo completamente diferente.

44   Capítulo Três

Aliás, conhecemos duas pessoas que se celebrizaram, pelo menos para nós, pela capacidade de levar essa falta de entendimento por parte de terceiros ao extremo, o que se revelava muito engraçado.

O primeiro era um professor de Física que, ao fazer uma pergunta e o aluno responder errado, com a maior calma e alta dose de cinismo, argumentava:

— Filho, gostaria de saber qual o seu conceito sobre o tema. No meu, a resposta é diferente, mas dependendo do seu conceito, sua resposta pode até estar certa.

O segundo era um vice-presidente de importante empresa, que utilizava a filha como referência e dizia. "Toda vez que pergunto: 'Quem descobriu o Brasil?', como ela não sabe com certeza o que é 'quem', o que vem a ser o 'é', nem o que vem a ser 'descobriu', nem 'o Brasil', se responder qualquer personagem diferente de Pedro Álvares Cabral é bem provável que esteja certa".

Na realidade, a arte de interpretar parte da visão clara do que se está discutindo requer alguns cuidados especiais. Selecionamos algumas recomendações, admitindo que a atenção do negociador e sua intenção são pré-requisitos. Aí vão elas:

- **Precisão semântica**

  Os argumentos devem ser construídos com o máximo de articulação possível. Se necessário, use metáforas. Mas muito cuidado para seu interlocutor não levar a metáfora ao pé da letra, o que pode desviar a discussão para outro ponto.

  - Use metáforas radicais. Se você está discutindo assuntos empresariais, evite metáforas utilizando temas empresariais; a possibilidade de confusão é grande. A recíproca precisa ser verdadeira: exija do interlocutor precisão na fala.

  - Cuidado com a utilização de sinônimos. Pense bem. Sinônimos são uma espécie de convenção para melhorar o estilo. Rememore conosco: você conhece duas palavras que queiram dizer exatamente a mesma coisa, a menos que sejam formas normais e popularizadas da mesma palavra, como apartar (normal) e desapartar (popular)? Certamente que não. Faça um esforço. Por exemplo, qual o sinônimo de belo? Você diria algo como "lindo"? Observe bem, não são idênticos, querem dizer coisas parecidas, mas... Lembre-se de que estilo é recomendado quando do uso da linguagem escrita. Em discussão, aja como se costuma proceder nos relatórios técnicos: seja redundante e ponto final.

- **Leitura das entrelinhas**

  Observe a relação que existe entre o que você recebeu de informação e o que sabe sobre o assunto. Confronte os conceitos, identifique para si mesmo, colocando-se no papel de quem argumentou, se pode haver uma predisposição a reunir os vocábulos de uma maneira particular e o sentido da frase vir a ser outro. Na dúvida, explore a sensibilidade do opositor ao desvio sutil do argumento em direção ao que você acha que parece ser a mensagem oculta. Seja habilidoso em desarticular a frase recebida e rearticulá-la. O uso da expressão: "quer dizer que se...", seguida da colocação da frase rearticulada, é de extrema validade como aferidor de sensibilidade do argumento apresentado.

- **Emoção sem emoção**

  Sabemos que é difícil não se emocionar em meio a uma discussão, mas a emocionalidade descontrolada é elemento de perda do sentido e da direção de qualquer discurso. Acaba-se dizendo o que não se quer, deixando marcas incontornáveis. Todavia, sempre externe sua emocionalidade sob seu comando. Demonstre paixão pelo que está negociando. Ninguém faz concessão a uma pedra de gelo. Até porque, se nada for feito, ela derrete sozinha se deixada fora do congelador.

Lembre-se de que interpretar é uma arte, mas que exige técnica e atitudes. Aí estão algumas idéias do complexo mundo da informação para a tomada de decisão. Reflita conosco: não é relativamente fácil cair na armadilha? Não se deixe cair na arapuca.

Para encerrar esta parte, podemos afirmar que a busca das informações complementares é um trabalho que exige:

- Esforço – para encontrar a informação relevante.
- Atenção – para que a informação relevante seja percebida.
- Fontes confiáveis para emprestarem a devida confiabilidade à informação fornecida.
- Capacidade de seleção – para filtrar a informação do ruído.
- Capacidade lógico dedutiva para comparar e perceber qual a informação válida.

46 Capítulo Três

- Capacidade de discriminação para distinguir a verdadeira mensagem em uma massa informacional complexa.
- Capacidade interpretativa para capturar o verdadeiro sentido do texto.

3.5 AJUSTANDO COMPETÊNCIAS – MELHORANDO VOCÊ MESMO

Na moderna concepção de competências, estas são entendidas como um conjunto de conhecimentos, habilidades e atitudes que levam o sujeito a ter um desempenho eficaz diante dos desafios aos quais ele é submetido.

Uma passagem de olhos pela Pirâmide de Negociação demonstra que os conhecimentos necessários para o desenvolvimento de uma competência exigem um conjunto relativamente grande de conhecimentos que passam, no mínimo, por:

- uma estratégia analítica para identificar os problemas e suas conseqüências;
- uma estratégia informacional para selecionar a informação relevante; e
- um conhecimento de como integrar pessoas para construir um sujeito coletivo; e muitos outros.

Nosso objetivo, neste livro, é lembrá-lo de que os conhecimentos formam a base para que o exercício da negociação encontre terreno firme para se efetivar, e não, evidentemente, nos aprofundarmos no tema. O mesmo pode ser dito com relação a habilidades:

- saber falar em público;
- ter uma inteligência lingüística forte para poder construir respostas prontas aos desafios durante a negociação; e
- ter uma capacidade de relacionamento grande para poder aglutinar pessoas e controlar os conflitos naturais de um processo de negociação.

Ressaltamos que, na mesa de negociações, você precisa ter posicionamentos que complementem todo o acervo informacional que compôs seu planejamento. Além da posição ativa de comunicar e vender sua imagem para o oponente, existem atitudes altamente positivas que você precisa tomar para aumentar seu poder de negociação. Comece por um posicionamento pessoal.

3.5.1 Aprenda a Ouvir

Como as informações que você obtéve e que fazem parte de seu planejamento precisam ser avaliadas, sugerimos que você tome os seguintes cuidados:

- **Deixe os outros falarem e fique atento às virtudes e defeitos do que foi dito.** Procure perceber se, no discurso, todos os elementos significativos estão sendo abordados com precisão e possuem coerência entre si. Anote as falhas, elas serão fundamentais para você desmontar os argumentos na hora devida, mas não basta ouvir a linguagem falada.

- **Observe as frases não-verbais.** A ansiedade quando determinado tema for exposto pode demonstrar sua importância relativa. Suspiros incontrolados quando um ponto argumental se encerra podem denunciar falta de confiança ou consistência do argumento utilizado.

- **Observe com atenção o modo de o outro negociador desenvolver sua argumentação.** Observe se é incisivo, se demonstra autoritarismo e se está emocionalmente controlado.

- **Observe a imagem do negociador.** Alguns detalhes de sua forma de se vestir, se houve preocupação específica de passar uma imagem determinada. Não se iluda e nem se precipite, informações isoladas podem ser acidentais, o conjunto dos indícios é que pode sugerir algo. Anote, avalie e conclua só depois.

- **Preste muita atenção no conteúdo.** Nunca deixe passar algo que não entenda. Peça para que a explicação seja retomada.

- **Não se deixe levar pela eventual monotonia da situação.** Procure recordar que um momento de distração pode ser uma perda irreparável. Mantenha-se atento, com seu radar informacional ligado.

- **Seja paranóico.** Tudo pode fazer sentido. Convém ressaltar que uma das atenções mais importantes é ouvir o que não foi falado.

Parece paradoxal, mas não é. Nunca se esqueça que toda vez que alguém omite uma informação relevante essa informação deixa sua marca. Ou seja, apesar de ter sido apagada da superfície do discurso, ela está oculta nos subterrâneos da informação. Fique atento às lacunas que incomodam, principalmente aquelas relacionadas com o objetivo de seu oponente. Procure mentalmente identificar elementos que deveriam estar presentes no discurso e foram retirados. Tente entender o porquê. Muitas vezes é uma estratégia para desviar a atenção do verdadeiro problema. Por exemplo, ressaltar demais a qualidade de um produto pode ser um artifício para tirar sua atenção de um preço alto.

Em resumo, essa visão crítica pode denunciar as falhas do modelo de seu oponente. Sua percepção, aliada a seu poder de organização, completada pelo planejamento anterior e pela criatividade, pode indicar linhas de conduta eficazes, tendo em vista a sua capacidade de identificar a estrutura oculta do adversário.

3.5.2 Aprenda a Dizer Não

Apesar de o "não" ser uma possibilidade lógica em uma mesa de negociações, dizê-lo é uma arte. É preciso que você domine essa arte. O uso de eufemismos como forma de atenuar os efeitos tem resultado altamente positivo em termos de psicologia de grupo.

Nunca se esqueça que você tem o outro lado da mesa para fechar a negociação e a má vontade do outro negociador não é uma característica buscada. Utilize com propriedade essas horas para captar a simpatia do grupo. De qualquer modo, você precisa ter a habilidade de negar sem o fazer frontalmente.

Três são os modos que você pode utilizar:

- Primeiro é mostrar um espírito cooperativo, admitindo que a solução ainda não chegou lá, mas que você está disposto a se engajar na sua busca. Tal atitude tem a vantagem de incorporar você como parte da solução do outro – nesse instante, acabou de deixar de ser parte do problema. Uma resposta típica poderia ser: "acho que a solução passa perto, que tal se introduzíssemos...". O inconveniente dessa posição é que o que você procurar incluir tem que ter dupla função, não só introduzir uma cunha na estrutura do outro para que você possa incorporar novos elementos como também soar como integrante da estrutura do outro, portanto não-rejeitável. Exige muita atenção e criatividade, mas funciona, e bem.

- A outra forma de dizer não caracteriza-se pelo uso dos eufemismos tradicionais do tipo: "gostei do enfoque, mas que tal explorar essa idéia de outra maneira?" Ou algo como: "muito bom, agora começo a ver a luz no fundo do túnel, mas que tal...".

- Uma terceira alternativa seria não responder à questão, procurando levar a negociação para um espaço anterior ao colocado pelo oponente. Algo como: "antes de me posicionar definitivamente sobre essa idéia, gostaria, se vocês me permitissem, de dar um passo atrás". Observe que essa posição é simétrica à primeira – agora você está desenvolvendo uma tentativa de incorporar o oponente como parte da sua solução. Se for bem-sucedido, a negociação está bem próxima de seu fechamento.

3.5.3 Aprenda a Ser Convincente

Quando estiver na arena das negociações, você estará solto junto com as feras. Desnecessário repetir que o que você espera é um oponente tão preparado quanto você. Todavia, uma máxima que deve estar sempre em sua cabeça, que parodia a referência à mulher de César, a qual não bastava ser honesta, teria que parecer honesta, não basta você *ser* convincente, precisa *parecer* convincente. De nada adiantaria você despejar toda a base bem-planejada sem que seus adversários estejam convencidos de que você o está fazendo. Assim, existem atitudes que não lhe dão nenhum ponto a mais, mas cuja ausência desconta muitos pontos.

- Nunca esqueça que, independentemente do número de protagonistas que possam estar presentes na reunião, em uma negociação com duas organizações, a sua e a outra, existem dois decisores na mesa: você e o outro negociador. Logo, é para ele que todo o seu aparato argumental deve estar dirigido.

- Não procure jogar para a platéia. Não utilize nunca a reação da platéia como forma de pressionar o adversário. Isso só piora a situação.

- Rememore sempre o objetivo pelo qual você está na mesa de negociações – tenha sempre preparada a pauta de gorduras a serem sa-

50   Capítulo Três

crificadas e no bolso do colete uma alternativa de custo baixo para os dois.

- Cuidado com a linguagem que utiliza, pode ser até que o decisor seja um técnico (não tende a ser se a negociação não for técnica), todavia você não está argumentando para um engenheiro, um economista, um físico ou qualquer outro especialista. De nada adianta você obter um sinal de aprovação de um integrante da equipe adversária quando se refere orgulhosamente à teoria de incerteza de Heisenberg, mas, em compensação, quem realmente decide ficou imóvel, apenas para não ser constrangido pela demonstração pública, principalmente aos seus pares, de que não entendeu patavina.

- Outro fato importante: não confunda veemência na defesa de seus pontos de vista com ataques pessoais. Nunca leve a discussão para esse lado. Haverá obrigatoriamente perda de energia, e, de cara, a platéia se virará contra você.

- Saiba utilizar os argumentos com clareza, demonstre preparo, segurança e respaldo técnico. Evite os "achismos". O que você utilizar como argumento deve passar por qualquer teste de fidedignidade, portanto, esteja preparado para prová-lo se for o caso.

- Nunca utilize na defesa de seus argumentos a chamada argumentação negativa. Lembre-se de que o seu objetivo, quando explicitado, deve ser muito bem definido. O que você não quer, por oposição, é o mundo menos o que você quer. Logo, sabendo bem aonde quer chegar, fica muito fácil passar para o oponente o que você não quer. Explorar a linha do: não quero isso, não quero aquilo etc., sem dizer o que quer, não é prática que contribua para otimizar sua possibilidade de sucesso.

- Se houver necessidade de uma exposição, faça-a com clareza, marcando, objetivamente, suas metas e passando absoluto domínio das especificidades em jogo. Ao conceder interrupções, ouça atentamente o que seu oponente tem a dizer. Não produza respostas sem antes ter se certificado dos seus argumentos, questionando-o naquilo que não guarda a devida clareza. Não permita que o emocional se antecipe à racionalidade quando responder. Em muitos momentos, seu oponente, ao argumentar, poderá fazê-lo pelo emprego de idéias construídas de forma muito inteligente. Você poderá elogiá-lo pela qualidade da exposição, sem que admita mudanças de rumos, mas nunca deixe de ser claro e preciso em suas colocações.

- Não exija da platéia raciocínios muito complexos para concluir sua proposição. Reduza a linha de raciocínio de tal modo que, quando esse for seguido pelos opositores, sua frase final já esteja na boca de todos, antes mesmo de você pronunciá-la.

- Finalmente, lembre-se sempre de que do outro lado, tanto quanto você, existe alguém disposto a conceder algo se tiver certeza de que está ganhando, portanto sua argumentação precisa demonstrar o que o outro lado ganha ao embarcar na sua proposta.

3.5.4 Não Seja Dono da Verdade – As Aparências Enganam

Uma constatação das mais complicadas, para a qual você, como gerente, precisa estar sempre atento, enfoca a certeza de que as aparências enganam. Você certamente está muito familiarizado com isso, mas nunca é demais relembrar.

Ilustrativamente, há muitos anos um cartunista da revista *O Cruzeiro* deliciava os leitores com um jogo de situações na sombra, contrapondo-se com as mesmas situações iluminadas. O humor que emergia das cenas estava no contraste entre a descrição de uma situação horripilante ou constrangedora que o ambiente escuro sugeria e a situação normal e agradável que era demonstrada pela mesma cena, desde que vista sob iluminação direta.

A ação do mágico, por sua vez, ao se exibir no palco, centra-se na ilusão induzida pelo ator ao atrair os sentidos do espectador, notadamente o da visão, para um aspecto da situação, enquanto ele, com perícia, está desenvolvendo outras ações ocultas e que, ao provocarem o confronto de sua expectativa com a realidade, o remetem para aquele estado de perplexidade que você conhece muito bem, do tipo: acho que me fizeram de bobo.

A ilustração mais simples sobre essa capacidade de iludir a mente humana pode ser representada pelas chamadas "figuras reversíveis", ou figura-e-fundo, as manifestações de *Gestalt* em que sua atenção flui, alternadamente, sem muito controle, de uma forma que se delineia contra um fundo para o fundo que se apresenta como uma nova forma, enquanto a forma anterior se constitui em um novo fundo.

A chamada figura de Rubin, conforme citado por Bonder, entre outras que levam a essa constatação, ilustra muito bem esse aspecto ilusório da mente humana.

Observe a figura de Rubin a seguir.

Um olhar inicial para a figura tende, por exemplo, a representar na mente do observador uma espécie de cálice negro contra um fundo branco.

Todavia, é possível perceber que existe uma segunda figura, composta pelos mesmos elementos. Observe bem: contra um fundo negro delineiam-se dois perfis humanos brancos.

O resultado desse exercício tende a fazer com que, percebida a alternância de possibilidades, o observador comece a ter dificuldade de fixar uma imagem e ignorar a outra.

A maneira com que você foi apresentado à figura de Rubin seguiu um esquema arbitrário, já que muitas pessoas tendem a perceber primeiro uma imagem do que a outra. De qualquer modo, o que importa é ilustrar esse aspecto da mente humana que, se pode ser iludida em situações extremamente simples, o que dirá nas situações extremamente complexas?

Aproveite essa provocação e, de uma maneira reducionista, mas extremamente didática, imagine que a sua capacidade interpretativa da realidade possa ser vista como um fundo sobre o qual se delineia uma forma. Em outras palavras, o que você vê é fruto de sua capacidade de confrontar um modelo (fundo) com a realidade (forma).

Logo, cuidado! Há uma chance de você estar enfocando a situação de um ângulo errado, a partir de posições ideológicas, ou ainda por predisposições induzidas pela articulação, não necessariamente correta, dos elementos informacionais que chegaram ao seu conhecimento.

Se perceber que enfocou de modo errado a situação, torna-se fundamental que você não tenha a menor cerimônia em rever suas posições.

Seja hábil em reconhecer erros, reflita sobre o que foi abordado aqui antes sobre como aprender a lidar com os próprios erros.

Como uma caixa de primeiros socorros, você deve ter uma bateria de argumentos preparada que possam colocar remendos para o que você fez indevidamente, ou que sirvam de sedativos para acalmar o clima, caso você possa ter criado algum mal-estar não-justificável.

De modo resumido, esses elementos iniciais visam a dotá-lo de uma preocupação crítica com relação a dois pontos: o caráter típico da negociação pelo poder e a necessidade de que esse tipo de negociação seja cuidadosamente avaliado pelo negociador.

Feito isso, antes de você ser apresentado a algumas recomendações dirigidas para essa situação particular, ainda existe um último aspecto que precisa ser levado em conta.

Perceba essa questão quase como uma última tentativa de evitar esse tipo de negociação e que talvez soe estranho se vista de uma abordagem superficial da questão – será que não seria um paradoxo?

3.5.5 Cuidado com a Propensão a Jogar

Para tornar leve a compreensão da idéia, tomemos o exemplo de pessoas que vão, por exemplo, às corridas de cavalo e perdem tudo. São inúmeros os testemunhos de funcionários do próprio Jockey Club que, ao final da última corrida, adquirem objetos pessoais dos apostadores a preços irrisórios para que possam ter recursos até para voltar para casa.

A negociação se assemelha muito a um jogo de azar: dá sempre a impressão de que vai ser possível ganhar mais à frente.

CUIDADO! Se perceber os seguintes sintomas: um certo suor inquietante nas mãos e uma voz interior dizendo: Está com medo? Vai que dá!, mais uma vez CUIDADO, você está com a síndrome do jogador.

Só você pode controlar a situação. Respire fundo até que a voz se cale e as mãos parem de suar. Conte mentalmente suas fichas e pare imediatamente; você está prestes a negociar seu poder. Ceda em coisas acessórias, com habilidade, mantenha seu poder intacto e saia o mais depressa possível do ambiente para poder recarregar suas baterias.

Existem outras duas situações em que convém pensar.

Primeiramente, você está se portando muito bem e está bem claro que você está ganhando tudo. ALERTA. Se já foi identificado o resultado positivo para você e o que vier a mais é apenas lucro, PARE!

Daí em diante você não estará mais negociando, e sim jogando. Como se trata de um jogo que você não pode jogar, lembre-se do antigo ditado português: "Tantas vezes vai o cântaro à fonte, que um dia lá fica." Aí é que reside o perigo. Nunca arrisque levar uma vez mais o cântaro à fonte, já que você saciou a sua sede.

A segunda situação exige uma pequena digressão. Tomando como referência a noção de que está em disputa uma luta pelo poder, a cada momento, durante a negociação, está em jogo a sua capacidade de reorientar a situação para o foco que lhe interessa – certamente uma atividade estressante, e você não pode deixar de ficar atento ao relógio.

3.5.6 Preste Atenção no Fator Tempo

O tempo pode ser seu amigo ou seu maior inimigo. Será seu amigo quando você souber controlá-lo, de modo a tirar o máximo proveito da sua posição relativa no processo de negociação.

Em termos gerais, as possibilidades são óbvias: parar quando se ganhou, parar para recuperação, ou parar antes que as perdas sejam maiores. Mas aqui não há lugar para perdas – saber parar é uma ciência. Você já viu anteriormente os momentos certos de parar. Há um tempo certo para tudo. As coisas evoluem, ganha-se aqui e ali, mas como está em jogo o poder, há sempre um risco intrínseco em cada movimento em qualquer rodada de negociações – não dê chance para o azar.

Não se curve ao estresse do tempo. Não deixe que seu adversário o leve à exaustão e à incapacidade de decisão. Sem perceber, seu cérebro poderá estar sendo embotado pelo cansaço. Aprenda a fazer isso com o adversário, mas não deixe que ele o faça com você.

3.5.7 Aprenda a Aprender

Esta é a grande característica de quem conduz uma reunião de trabalho visando à construção de um sujeito coletivo de modo eficaz – saber aprender. Muita coisa é falada, muitas novidades apresentadas e muitas informações passadas. Você, na realidade, tem que crescer junto com o grupo, incorporar novos conhecimentos e ter habilidade para utilizá-los no nível que um coordenador deve ter.

Não se espera, em uma negociação sobre cabos submarinos, por exemplo, que o negociador saiba como projetar um sistema, ou os detalhes do lançamento, ou qualquer outro detalhe, mas espera-se que ele consiga ter uma visão da configuração global do sistema, de seus elementos componentes, de alguns óbices mais comuns e das vantagens e desvantagens do sistema diante de outros sistemas de comunicação. Basta então você saber quem sabe e solicitar esse apoio sempre que necessário.

Logo, fique atento aos elementos que caracterizam a estrutura do problema que está em jogo na negociação, os pontos principais e suas relações. Registre-os e certifique-se de que você aprendeu o necessário. Mais uma vez, não tenha medo de perguntar, lembre-se do que foi dito antes acerca do especialista.

3.5.8 Fique Atento à Lei de Parkison

A lei de Parkison, um livro publicado entre 1960 e 1970, de C. Northcote Parkison traduzido por Silveira Sampaio, explorava a idéia de que nas reuniões as pessoas tendem a gastar mais tempo naquilo que sabem, deixando que coisas importantes se decidam em poucos minutos por absoluta falta de conhecimento.

O livro, ilustra com três itens de uma hipotética pauta de reunião de diretoria, a saber: a aquisição de um computador de grande porte, a reforma do telheiro para guarda de bicicletas e o controle da quantidade de café que está sendo gasta mensalmente. A aprovação da aquisição do computador de grande porte levou poucos minutos, já que ninguém entendia do assunto e se sentia envergonhado de perguntar. O telheiro para a guarda de bicicletas levou algumas horas, mas foi aprovado. O

56 Capítulo Três

café teve tantos debates e apartes que o assunto teve sua decisão adiada – afinal de contas, todos entendem de cafezinho.

Não é necessário dizer que, seguidas as recomendações feitas até agora, você não cairá na esparrela da lei de Parkison. A receita é uma só: informe-se, aprenda, cerque-se de informações relevantes sobre os temas, utilize os especialistas e então, com conhecimento de causa, decida.

3.5.9 Identifique Sua Diferença Competitiva

Feitos os deveres de casa, certamente você deve ter algo que o destaca dos demais. Em conseqüência, essa deve ser sua diferença competitiva. Assim como um jogador fora de série, em uma habilidade, ele se destaca mais: o chute do Rivelino, o toque de primeira do Tostão, os dribles do Garrincha, o cheiro de gol do Romário, e, não se pode esquecer, Pelé, que, bem, esse era bom em tudo.

Como o termo diferença competitiva pode não ser do domínio de todos, vejamos o que quer dizer o conceito.

O termo tem se notabilizado e, em conseqüência, se destacado nas lutas que travam entre si as organizações por fatias de mercado.

Porter (1999), em suas análises sobre cadeias de valor e estratégia, procura demonstrar que uma avaliação criteriosa da cadeia de valor que sustenta o sistema produtivo de uma empresa pode determinar um ponto (pelo menos) no qual aquela empresa pode ser mais barata, mais eficiente, pode fazer diferente, enfim qualquer característica que acaba lhe fornecendo uma vantagem sobre as demais.

Aliás, aí se enfoca uma questão básica que afeta todo aquele que se candidata a negociador: Qual a vantagem sobre os demais negociadores que permita que as tendências da negociação pendam para seus objetivos?

Parece óbvio, mas infelizmente a maioria dos negociadores não se questiona assim. O que se vê é a falta de visão da vantagem competitiva por parte dos empresários.

Esses, na prática, são atraídos por uma falsa visão de mercado que os induz a iniciar um negócio pela simples idéia de que há espaço para todos e que basta realizar uma espécie de *benchmark* do que observam como sucesso para que os resultados estejam garantidos.

Na realidade, pode-se perceber que um novo negócio para ser cópia de alguém ou se contenta como franqueado daquele, ou se arrisca a não sobreviver por muito tempo no mercado.

Como já enfatizamos, as estatísticas indicam que mais de 70% das pequenas empresas entram em falência em menos de um ano. A justificativa parte de uma visão até certo ponto romântica do empreendedorismo, mas, na prática, concentra-se no fato de que, não possuindo efetivas vantagens comparativas, não conseguem sobreviver.

Mas há um complicador adicional. Não basta possuir uma vantagem competitiva no sentido estático do termo. O que hoje é uma vantagem competitiva pode deixar de sê-lo amanhã.

Um caso famoso é o do sabonete Ivory, da Procter & Gamble, que nos seus mais de 60 anos de existência caracterizou-se como um produto caro, destinado a uma certa elite. Diante da competição com sabonetes, que eram também desodorantes e perfumes, a Procter & Gamble acabou por descobrir vantagens competitivas que, no final, o transformaram em barato e popular.

Resumindo, podemos recomendar que todo aspirante a negociador tenha em mente pelo menos três preocupações:

- primeiramente, deve identificar com clareza sua vantagem competitiva, ou seja, perceber o que efetivamente faz melhor que seus potenciais opositores;
- em segundo lugar, deve avaliar a sustentabilidade dessa vantagem. Seu método é facilmente copiável? Essa questão advém da certeza de que, quando uma vantagem competitiva é efetiva, ela não é apenas um fato isolado, ela se articula aos elementos que compõem uma estrutura diferenciadora de tal modo que não adianta seu opositor copiar o que vê, já que o que sustenta a diferença, de modo estrutural, tende a ser exatamente o que o concorrente não vê. O corolário dessa hipótese reside em seu inverso: algo copiável que dê resultados faz suspeitar que a vantagem não era tão competitiva assim;
- finalmente a terceira questão, para o futuro: por quanto tempo é possível sustentar essa vantagem? Essa questão deriva das possíveis mudanças estruturais e conjunturais que podem até afetar a própria forma de se apresentar ou de se tornar confiável. Ob-

58 Capítulo Três

serva-se com facilidade, em face dos recursos hoje existentes, que, em termos empresariais, a alta competitividade e a disseminação imediata da informação não permitem que se deite sobre os louros da vitória – como se extrai do que disse Grove (1996), da Intel: em qualquer negócio, só os paranóicos sobrevivem. Logo, *é necessário pensar o diferente antes que outro pense.*

Para sua reflexão, dado o ambiente de negócios, analise a afirmação a seguir e se posicione conscientemente sobre suas competências e possíveis diferenças competitivas e sobre sua capacidade de sustentá-las no tempo.

"Começar um negócio já é difícil, mais difícil ainda é mantê-lo. Só para refletir: onde estão hoje os armarinhos de bairro? Onde estão as máquinas de telex que diferenciavam um banco moderno de outro? Onde está o *pager*? Onde está o vídeo padrão Betamax? Como disse Toffler, nada mais perigoso que o sucesso anterior, ou, em termos mais adequados à terminologia atual: uma vantagem competitiva não dura para sempre."

3.6 CONSOLIDANDO O PLANO DE AÇÃO – UNINDO AS PEÇAS DE UM QUEBRA-CABEÇAS

Já que você vai para a guerra, escale sua equipe de combate e selecione suas armas.

A participação em uma negociação não deve ser entendida como uma atividade solitária. Na prática, você representa um segmento de interesse sobre o problema que está sendo alvo da negociação.

Logo, sua equipe precisa estar sintonizada com as ações que devem ser realizadas. Em conseqüência, a escolha da equipe é fundamental. Claro que nem sempre há disponibilidade para organizar as equipes com a composição mais recomendável. Naturalmente, tudo depende de sua posição relativa no processo; todavia, em qualquer negociação, nunca vá sozinho, leve no mínimo um acompanhante. Esse acompanhante tem pelo menos duas funções: ajudá-lo na captura de informações e atuar como pólo dialético de confronto, quando da interpretação das informações capturadas.

De qualquer modo, uma equipe ideal deve ter, além de você, os especialistas temáticos que sua parte do problema exige e um secretário geral, que terá como função manter os arquivos e as correspondências sobre o tema da negociação, promover as pesquisas documentais necessárias, organizar sua agenda e preparar os recursos operacionais de apoio, como: arte-final da sua apresentação, se for o caso, recursos de projeção ou retroprojetor ou *data-show*, transporte e outros.

Se porventura você não pode levar sua equipe, lembre-se de deixá-la sempre de sobreaviso na retaguarda. É fundamental que a equipe incorpore a idéia de que você a está representando na negociação, logo, deve estar alerta para ajudá-lo sempre que você necessitar.

A idéia mestra é que a construção de um sujeito coletivo foi efetivada e sua equipe representa esse personagem. Sempre que encerrar sua participação, ligue pessoalmente para algum membro da equipe, comunique os resultados e dê idéia dos desdobramentos. Mas, para isso, você precisa estar organizado.

3.6.1 Organize seu *Script*

Conscientizado dos objetivos da negociação, do papel que vai desempenhar e das expectativas dos demais personagens, você, queira ou não, está com os dados necessários para organizar seu *script*. Na realidade, não precisa ser um roteiro detalhado, mas uma reflexão consciente acerca do que a sua organização e sua equipe esperam de você. Eis alguns procedimentos que você precisa adotar para organizá-lo:

- **Identifique ameaças e oportunidades**

  Aqui cabe pensar como neutralizar as ameaças e aproveitar as oportunidades, para os desdobramentos futuros da negociação, com base no levantamento realizado;

- **Especifique as necessidades de informações de apoio**

  Muitas vezes tais informações encontram-se em documentos impressos ou armazenadas em bases de dados de fácil acesso. Outras vezes é necessário pesquisar diretamente ou contar com o apoio de outros pesquisadores. Convém recordar que você terá que se valer de especialistas, de publicações e de periódicos, o que exige o acesso a uma bibliografia bem-organizada ou a uma dinâmica rede de relações;

60 Capítulo Três

- **Defina uma estratégia de mobilização**

  Dependendo do objetivo da negociação, você, obrigatoriamente, deve construir um plano de ação. Como nem todos os dados estão disponíveis, você deve construir hipóteses e apreciá-las com o devido cuidado, estabelecendo as necessárias condutas de combate. Provocar uma simulação das suas propostas junto à equipe auxilia na identificação de erros e correção de rumos;

- **Tenha uma agenda na algibeira**

  A experiência de tantas reuniões de negociação mostra que a pauta de convocação muitas vezes apresenta erros comprometidos com a organização lógica dos assuntos, com a prioridade das apresentações e, até mesmo, com a inclusão de assuntos não-relacionados com o foco da negociação. Quando da simulação junto à equipe, estas inconsistências serão percebidas, recomendando-se a elaboração de uma pauta auxiliar que, se habilmente colocada no início da reunião, jogará a seu favor;

- **Atue proativamente**

  Uma avaliação prévia dos participantes (lembre-se de construir um diagrama de expectativas) poderá permitir identificar aqueles possíveis opositores às idéias que você está assumindo como importantes. Nesse caso, é interessante uma ação proativa de contato com tais personagens buscando uma atenuação. Muitas vezes, quando dessas aproximações, descobrem-se mal-entendidos e fantasmas. É imprudente atribuir confiança máxima aos seus informantes;

- **Organize-se para fornecer informações complementares**

  Se você tiver de lançar mão de documentos de apoio, recomenda-se uma distribuição prévia aos participantes, com os devidos alertas para os pontos mais importantes. Com esse procedimento, ao socorrer-se dos documentos durante a negociação, em vez de uma leitura exaustiva, poderá usar uma síntese ou um roteiro organizado;

- **Determine o apoio operacional**

  Modernamente, os ambientes profissionais estão dotados de tecnologia avançada para apoiar as apresentações. Certifique-se de que o ambiente suporta o seu material. É sempre interessante ter *backup* para suportes computacionais. Dependendo da importância da pauta, prepare material alternativo para a apresentação. Preveja cartões sociais;

- **Cuide de sua imagem**

  É importante que você identifique a necessidade do vestuário esperado e o que pretende utilizar na negociação. É obrigatório que você observe esse detalhe e comunique previamente em sua residência para não ter que improvisar na hora de sair de casa no dia porque o traje foi levado na véspera para a tinturaria.

3.6.2 O que Deve Conter uma Agenda

Já que se falou em agenda, será interessante que você identifique alguns pontos que devem conter uma agenda. O ideal é que ela caiba em uma página e seja composta por:

- Objetivo: em que se define claramente o que se pretende atingir.
- Local: com os detalhes necessários para que os participantes não tenham dúvidas.
- Horário: elemento auto-explicativo.
- Elemento de contato: pessoa designada para tirar dúvidas e promover facilidades para os participantes, tipo deslocamento, remarcação de passagens etc.
- Participantes: é fundamental que cada pessoa convidada saiba quem participará da negociação e seus papéis, para que levante, assim como você, as expectativas dos participantes e se prepare convenientemente.
- Seqüência guia da reunião: em que os tópicos a serem tratados devem seguir uma taxionomia que vai da compreensão do problema macroscopicamente até os detalhes que se afiguram necessários, passando por temas complementares ou de suporte.
- Duração provável: item fundamental para que as pessoas acertem suas agendas pessoais.
- Documentação de referência: em que se apresentam as fontes de referência para que os personagens se familiarizem e se preparem convenientemente.

Mas, antes de passar à ação, cabe uma recomendação final.

62 Capítulo Três

3.6.3 Aperfeiçoe-se sem Copiar Modelos

Ainda que existam regras gerais para serem seguidas, não copie. Nada soa pior em uma negociação do que a sensação de falta de naturalidade. De qualquer modo, não copiar não significa deixar como está.

Defina um modelo próprio de atuação adequado ao seu perfil normal. Se a negociação for em ambiente conhecido, você vai ter de se esmerar muito para ser bem-sucedido na tarefa de atuar manipulativamente, já que todos vão perceber qualquer desvio comportamental programado. Aqui não basta recomendar que você não faça isso ou aquilo, porque seu comportamento já está marcado.

Nessa hipótese você precisa, antes de tudo, se preparar muito bem.

Em primeiro lugar, junte-se com sua equipe e mapeie seus comportamentos mais característicos. É importante estar junto de sua equipe pelo simples fato de que existem comportamentos que os outros sabem, mas você não sabe, e comportamentos de sua equipe que também precisam ser mapeados.

Verifique que tipos de comportamentos podem ser controlados sem dar muito na vista. A partir daí, estudem, você e sua equipe, seus *scripts* com afinco. Executem simulações da negociação. Ajudem-se mutuamente para que o grupo esteja aperfeiçoado e afinado para a batalha e que tudo soe natural.

Procure conceber algumas rotas de fuga, para quando a situação estiver levando a que um comportamento normal, mas indesejável naquele momento, esteja prestes a se manifestar. Muitas vezes essa é uma atividade coletiva. Alguém percebe a tendência e com habilidade interrompe o fluxo dos acontecimentos, dirigindo o foco de atenção para outros pontos.

O momento mais perigoso para esse caso é o da chegada. Lembre que tudo pode estar preparado para criar um constrangimento inicial que pode tirar o poder das suas mãos.

Recomenda-se aqui a tática da cavalaria americana: envia-se na frente um batedor experiente.

Dentre os membros de sua equipe selecione aquele que melhor reúna as características do batedor ideal: invisibilidade e vista precisa.

Claro que se está falando figurativamente, pois, em caso contrário, configurar-se-ia um tremendo paradoxo – alguém que seja tão pouco presente que passe despercebido mas que consiga ter uma capacidade interpretativa forte.

O jeito é apelar para as relações informais. Quem de seu grupo é aceito pelo outro sem muitas restrições e que seria capaz de obter informações com precisão cirúrgica?

Identificado o personagem, forja-se uma situação de "feliz coincidência", e seu agente encontra com os "amigos" e traz as informações.

Identificados os prós e os contras, você já sabe o que o espera. Chegue pontualmente sem atrasar, para que não surjam situações que atrapalhem seu futuro desempenho. Contenha-se ao máximo, demonstrando total naturalidade. Confie na equipe; se houver algum inesperado, alguém irá para o sacrifício, e seu poder permanecerá intacto.

Você agora está preparado para negociar. Para isso precisamos ter ciência de algumas situações básicas. Vamos a elas.

3.7 NEGOCIANDO – UM TESTE DE CAPACIDADE DE RESPOSTA EM TEMPO REAL

De tudo o que foi falado, na situação de negociador em jogo, você passará a ser desafiado em todas as dimensões de sua cultura. Ainda que você tenha se preparado obsessivamente, tudo aquilo que você fez em tempo confortável e, muitas vezes, de modo simulado, agora precisa ser realizado de novo, só que em tempo real.

Repensar o problema, identificar suas conseqüências, verificar a correção de suas informações, inter-relacionar-se com habilidade, rever seu *script* etc. precisarão ser feitos com um mínimo de erro. Só que, agora, as condições de contorno mudaram drasticamente. Antes, por mais conflituosa que fosse a sua relação com seu grupo, você estava entre parceiros. Agora, você está frente a frente com seus adversários.

Admitindo que do outro lado existe alguém tão preparado quanto você, pelo menos em teoria, existem duas formas de se perceber os rumos da negociação. Ou se estão negociando interesses de um modo geral sob a forma de bens tangíveis, ou a negociação está marcada por outros vetores mais escusos. Para cada situação existem comportamentos diferentes.

Há que se considerar se os seus conhecimentos com relação ao alvo da negociação são suficientemente competentes. Lembre-se de que seu

64   Capítulo Três

oponente estará atento, pronto para rebater suas afirmações, centrado em intenções que, necessariamente, podem não coincidir com as suas. Pesquisar qual a estratégia a ser usada pelo seu oponente pode constituir uma primeira iniciativa. Sendo possível descobrir e estabelecer os níveis de importância para a negociação em relação ao seu negócio, os limites inicialmente considerados poderão merecer uma certa flexibilidade.

Todavia, como muito bem apresentam Lax & Sabenius (2003), seja qual for a situação, uma das grandes metas que o negociador deve ter é procurar apropriar valor para si e gerar valor para os demais envolvidos. Para que isso ocorra, além dos dados previamente planejados, a primeira coisa que você precisa fazer é avaliar o oponente e, de certo modo, o clima da reunião. Vejamos isso melhor.

Lembre-se de que, ainda que você tenha se preparado convenientemente para a negociação, agora você está de frente para o adversário. Muitas coisas foram informadas porque eram fatos registrados; outras foram percebidas porque algumas informações vazaram; e, finalmente, muitas foram inferidas porque se aplicou uma lógica sobre as informações recebidas. Quem será realmente seu adversário? Há algum padrão de comportamento esperado?

3.7.1 Focalizando o Adversário

Sun Bin, no livro *Sun Tzu II* (1996), afirma que "existem cinco descrições de forças militares: a temível e poderosa; a orgulhosa e arrogante; a inflexível ao extremo; a gananciosa e desconfiada e a lenta e dócil". Para cada uma há uma tática específica. De acordo com as recomendações de Sun Bin, é possível definir posições de confronto, que em termos da realidade de uma negociação poderiam ser descritas da seguinte maneira, adaptando suas colocações ao contexto de uma negociação:

1. **"Quando o oponente se revelar temível e poderoso."** Atue com humildade e aguarde seus movimentos. O pior que pode ocorrer para esse tipo de adversário é não ser atacado. A sua agressividade pode se virar contra você. Estamos diante de um caso muito bem definido pelo ditado popular segundo o qual: "Não se cutuca a onça com vara curta". Sua tática reside em aproximações sucessivas e percepção dos flancos abertos. De qualquer maneira, a sua

segurança é um fator de equilíbrio. Tende a ser uma negociação muito difícil. Não há como bater de frente. Procure encontrar os flancos desguarnecidos para poder abrir brechas que permitam uma solução que torne o jogo de soma positiva. Nesses casos, somente a proposta inédita e o singular podem abalar a fortaleza do adversário e dirigir o foco das ações para um ponto de convergência. Seja criativo e tente vencer na originalidade.

2. **"Quando o oponente se revelar orgulhoso e arrogante."** Em nossa visão, trata-se de uma questão de identificar se o orgulho e arrogância são significativos. Se forem, proceda como no caso anterior, mas cuidado porque o orgulho e a arrogância podem fazer com que ele não reconheça suas próprias falhas, e, sendo poderoso, pode levá-lo, pela força, a recuar. Tenha o recuo preparado, mas tente dar a sensação de que o recuo foi causado pela competência do adversário. Estabeleça objetivos pequenos e em cadeia. Procure ganhar por etapas. Sempre que possível, peça tempo para tomar fôlego. Importante, o menor ganho precisa ser consolidado e formalizado. Nesse caso o melhor é ganhar um pouco de cada vez. Use sua sensibilidade para saber quando parar. Caso ele não tenha motivo para ser orgulhoso e arrogante, confronte. Desmonte suas fontes de arrogância, ponto a ponto. Não dê tempo para que ele se rearrume. Lembrando apenas da constatação prática de que sempre se deve deixar uma brecha para a fuga do adversário, induza-o ao ponto de fuga, mas deixe que ele ache que conquistou esse espaço – seu orgulho e sua arrogância precisam acreditar que foi assim.

3. **"Quando o oponente se revelar inflexível ao extremo."** Aqui nada a acrescentar às colocações de Sun Bin – "seduza-o". Para esse caso, é fundamental que ele se delicie com sua forma de atuar e se envolva com seus modelos. A cultura de inter-relacionamento, aqui, ganha destaque.

Envolva-o com sua cortesia e polidez, mas seja firme em seus propósitos. Procure encontrar um ponto no qual ambos ganhem. Para você isso não importa, desde que você tenha conseguido atingir suas metas. Tente fazer com que ele participe da construção da solução. Seja hábil em sugerir, mas não assuma a paternidade das soluções. Lembre-se de que quem não se vê na solução certamente se vê como parte do problema. Isso não interessa a você. Nunca se esqueça que a negociação possui fases posteriores nas quais vocês vão conviver. Logo, uma unidade de ação entre vocês é condição importante para uma ação futura.

4. "Quando o oponente se revelar ganancioso e desconfiado." A idéia desse personagem é logicamente levar vantagem e achar que você está jogando sujo. Você tem que atendê-lo em suas reivindicações: fazê-lo ganhar e ganhar sua confiança. Para isso, use o método dos conquistadores: diante dos índios, tenha bugigangas para trocar e demonstre ética nas suas relações. Lembre-se de que para esse tipo de personagem a qualquer vacilo ético a negociação vai por água abaixo.

Muito cuidado com as ações descentralizadas. Em outras palavras, uma atividade paralela conduzida por um membro de sua equipe pode fazer com que você tenha seu nível de confiança questionado. Para esse tipo de personagem, o balanço de ganhos e perdas de cada lado, após cada rodada de negociação, é fundamental para reduzir seu estresse emocional. Um outro alerta: só proponha o que tem certeza de que vai fornecer. A regra é simples e objetiva: não há lugar nessa reunião para o "vamos ver se consigo". Se sabe que vai conseguir, aí sim, proponha.

5. "Quando o oponente se revelar lento e dócil." Para esses casos a solução é envolvê-lo. A lentidão e a docilidade, todavia, devem ser avaliadas para se verificar se é uma tática ou realmente é o modelo de seu oponente. Para ilustrar, há uma piada de um homem que entrou em um escritório para vender escovas. Mal abriu a porta e já começou a se desculpar com o gerente, alegando que viu que ele estava ocupado, pedia mil perdões etc. O gerente bruscamente o interrompeu e, criticando seu perfil, pediu para ver o que ele queria vender.

Mais uma vez, o vendedor argumentou que fizera bobagem, que não deveria ocupar o tempo de tão brilhante pessoa com aquelas escovas e... De novo o gerente interrompeu, afirmando que o vendedor deveria ser mais ativo, demonstrar mais confiança, ocupar o espaço concedido com mais propriedade, mas que, para ajudá-lo, compraria três escovas. Terminou dizendo:

— Não se esqueça de agir de outra maneira da próxima vez.

Após o acerto de contas, o gerente, ao se despedir, voltou a insistir na recomendação. Ao que o vendedor contra-argumentou:

— É, doutor, mas minha técnica de vendas é essa.

Confirmado que o perfil do adversário é realmente o que ele aparenta, e não um outro habilmente ocultado, procure orientá-lo em prol da melhor solução para ambos. Torne-o parte do sujeito coletivo. Procure compreender seus objetivos e tente encontrar soluções que possam gerar um jogo de soma positiva para ambos. Lembre-se de que, ao voltar para seu ambiente de trabalho levando um resultado positivo, seu adversário tende a ser seu interlocutor em outros pontos, e sua parceria revela-se muito importante.

Antes de passar para a negociação propriamente dita, não custa nada recordar que do outro lado da mesa existe alguém que pode estar avaliando você pelos mesmos critérios aqui expostos. Faça uma auto-análise e aperfeiçoe-se para ser mais equilibrado em seu posicionamento. Tente evitar estereótipos. Procure ser forte, nunca demonstre arrogância, seja situacionalmente flexível, procure obter os ganhos que merece, seja desconfiado mas não demonstre, seja afável e rápido, ainda que possa usar como tática a docilidade e a lentidão.

Vamos então ao "jogo da negociação".

3.7.2 As Condições Gerais do Jogo

A base sobre a qual você se assenta reside, como sabemos, em uma atividade prévia consistente. O que está em jogo é, em princípio, o objeto da negociação. Claro que de um lado existe um personagem que procurará atingir seus próprios objetivos, mas imagine, por ora, que ele não está preocupado em destruir você e que é perfeitamente viável almejar gerar valor para as partes.

Uma coisa que você não pode esquecer nunca é que deve entrar em uma reunião com seus objetivos bem claros. Lembrando que o correto, quando se fala em objetivos, é ter o seu *script* muito bem preparado.

Em uma publicação anterior, ressaltamos a importância de três elementos fundamentais para servir de guia para um processo de negociação: o nível de resistência, a margem de manobra e alternativas para uma emergência. Esses três elementos, na nossa maneira de ver, caracterizam-se como marcos referenciais que, de algum modo, caracterizam os seus limites de atuação.

68   Capítulo Três

Roger Fisher (1997)[2] explora modelo semelhante ao definir que uma negociação depende de muitos detalhes, mas que em uma negociação justa as alternativas, que ele chama de opções pessoais, caracterizam uma das bases do processo, o que reforça a nossa maneira de destacar os aspectos considerados.

Antes de aprofundar um pouco mais a questão, gostaríamos de destacar que existem, a nosso ver, mais outros dois elementos importantes: um de natureza instrumental, que se revela ferramenta indispensável ao jogo da negociação: a atenção difusa; e um referente à dinâmica natural do processo que está presente em qualquer negociação – os momentos do processo. Expliquemos os cinco elementos de sustentação do processo. Para compreendê-los, precisamos retomar a concepção de uma negociação.

Em tese, existe um problema que gera um conflito de interesses que precisa ser resolvido. Não importa a natureza do conflito. Ele se caracteriza simbolicamente como uma zona de intercessão que precisa ser ajustada aos interesses das partes. Certamente existem muitas possibilidades, mas, de modo didático, podemos definir que a composição de interesses pode ocorrer:

- Por recuo de uma das partes: quando há uma clara diferença competitiva entre as partes que negociam, e seria insensatez uma continuar fincando o pé em uma posição radical, levando a que ambas perdessem, ou seja, o jogo seria um jogo de soma nula, em que para um ganhar o outro tem que perder.
- Por acerto de fronteiras: pode-se dizer que ambas recuam e decidem que a intercessão originalmente visualizada era exagerada, justificando uma linha de não-interferência. Trata-se de um jogo de soma negativa.
- Por uma composição de forças: nela, as concessões feitas pelas partes geram um espaço comum de integração de suas competências, no qual ambas as partes ampliam suas ações de modo a gerar uma resultante. Trata-se de um jogo de soma positiva.

Ora, as considerações acerca do jogo de soma nula, positiva ou negativa, reforçam a idéia dos três elementos citados anteriormente: o nível

---

[2] Fisher define como sendo sete os princípios universais que utiliza em uma negociação: comunicação, relacionamento entre as partes, interesse, opções de solução, formas de convencimento, opções pessoais e compromisso.

de resistência, a margem de manobra e as alternativas como elementos necessários para avaliar aonde você vai chegar – o resultado do jogo. Vamos agora caracterizar o jogo.

O que entendemos como um jogo limpo, ou uma negociação justa, é aquele em que o jogo é de soma positiva. Todavia, em situações muito especiais, o jogo de soma nula é aceitável. As considerações a seguir, apesar de servirem para qualquer tipo de jogo, aplicam-se, em princípio, como alertamos, aos jogos de soma positiva. Ressalte-se todavia que, se você vai entrar para um jogo de soma nula, quem deve recuar é o outro lado; logo, os elementos levantados também valem para esse caso.

Agora é possível ajustar os cinco elementos que propusemos.

3.7.2.1 Nível de resistência

Tendo os jogos como referência, você só vai recuar tendo como hipótese ou não perder ou ganhar mais. Para esse objetivo, você precisa definir qual seu limite de recuo. A definição desse ponto não pode se limitar aos aspectos do objeto da negociação em si, mas, sem sombra de dúvida, não prescinde deles. Reflita que, para você, está em jogo, certamente, o objetivo; mas também estão em jogo o custo desse sucesso e seu prestígio, que pode ser abalado se o sucesso não for atingido.

Veja esse nível de resistência como o seu último baluarte de defesa. Dele você não pode passar, sob pena de mudar de um jogo de soma positiva para um jogo de soma nula, no qual seu opositor ganhou, e você perdeu. Ainda que nosso aprendizado sobre o tema negociação tenha tido seus componentes mais fortes na esfera empresarial, tivemos uma situação que nos marcou muito e que nos fez aprender sobre o nível de resistência. O problema foi a aquisição de um apartamento na Lagoa Rodrigo de Freitas, no Rio de Janeiro, por intermédio de um agente de financiamento, com correção trimestral das prestações.

Nesse mesmo período, a correção equivalente de minha renda sofreu um impacto de um redutor de aproximadamente 20%, além de ser anual. A partir daí, duas curvas começaram a ser desenhadas nas minhas anotações: uma da dívida, que era corrigida integralmente a cada trimestre, e a outra da receita, que perdia seu valor relativo em 20% a cada ano. Desnecessário falar do desespero que se associava a essa situação. Decidimos, pois, repassar o apartamento. Um comprador envolvente e extremamente hábil surgiu com o dinheiro à vista.

70 Capítulo Três

Percebendo a importância do fechamento da venda para nós, ele começou a colocar óbices e a barganhar valores. Por não termos um nível de resistência claro e previamente determinado, fomos abrindo mão de certos valores. Só que, por trás de um perfil afável e lento, escondia-se uma personalidade arrogante e orgulhosa, que, achando que o jogo estava ganho e perfeitamente assimétrico a seu favor, após um acerto preliminar, decidiu voltar no dia seguinte e barganhar mais um pouco. Ele incorreu no erro primário de nos permitir pensar e rever nosso nível de resistência. A negociação não foi fechada, mesmo com ele tentando voltar a nos oferecer todas as vantagens financeiras que habilmente havia retirado.

Recomendamos, pois, ao leitor que nunca vá para qualquer negociação sem saber exatamente seu nível de resistência em termos do que quer, quanto quer pagar e como esse ponto pode abalar seu prestígio.

3.7.2.2 Margem de manobra

Ainda que a palavra possa soar como o nível de resistência visto pelo lado complementar, ou seja, de quanto você pode abrir mão para chegar ao nível predeterminado, a idéia que queremos apresentar é outra.

Entendemos que em uma negociação, dadas as diversas possibilidades do perfil do opositor, torna-se necessário ter algo para ser sacrificado, mas que não necessariamente faça parte do escopo direto da negociação. Um exemplo hipotético, mas ilustrativo, pode ser visto a seguir.

Suponha que uma empresa de grande porte esteja tentando negociar com uma de pequeno porte uma parceria para um investimento comum em um mercado emergente. As discussões sobre como se articularão as linhas de produção estão convergindo, mas o investimento da potencial parceira supera os valores previstos nas diversas projeções de caixa, e isso está levando a um impasse. Você sabe, como representante da firma de grande porte, que o retorno para a organização será alto se a parceria for firmada, mas dentro do plano de negócios de sua empresa, pelos investimentos necessários, não há como assumir a parcela de investimentos da potencial parceira, com desembolsos imediatos.

As diversas análises demonstram que uma das grandes despesas da parceira está no uso de máquinas de terceiros para processar parte de sua produção. Ora, você também sabe que sua empresa possui o maquinário necessário para realizar essa atividade e que existe um equipamento de reserva disponível para emergência.

Os estudos estatísticos sobre o nível de falha desse equipamento têm demonstrado que a necessidade do equipamento reserva é questionável nos próximos períodos, e que ele poderia ser colocado em operação e suprir as necessidades de sua parceira. Essa informação será guardada para ser usada e contornar o impasse no momento certo.

O elemento a ser sacrificado é um trunfo que exige muito trabalho prévio de análise de informações sensíveis,[3] suas e de seu oponente. Soa com aquela gordura que falamos que pode ser eliminada sem causar danos maiores ao sistema. Vamos continuar e complicar um pouco mais.

3.7.2.3 Alternativas

Até agora estamos desenvolvendo uma negociação em que o objetivo que você traçou está sendo perseguido com certo sucesso, ainda que você tenha sido obrigado a recuar estrategicamente e sacrificar alguma gordura preestabelecida. Mas pode ser que não haja gordura a tirar, nem o recuo no nível de resistência tenha sido suficiente. Como se usa na esfera cinematográfica, é chegada a hora do plano B.

No processo de planejamento da negociação, torna-se fundamental definir uma alternativa que possa permitir chegar o mais próximo do objetivo. Tal ação exige um nível de abstração maior do que o encontro da solução ideal, mas é fundamental que seja feito. Utilize para esses casos árvores de decisão e tente inferir as probabilidades de ocorrência e o valor atual de cada uma.

Lembre-se de que existem ferramentas sofisticadas para definir a melhor alternativa, como os instrumentos da teoria dos jogos. Não estamos esperando que todo negociador domine essas ferramentas, mas imaginamos que ele não tenha dificuldades de solicitar aos especialistas que o façam. De qualquer maneira, pelo menos uma alternativa precisa estar no bolso do colete. Expliquemos melhor.

Quando falamos de alternativa, não estamos nos referindo a pequenas variações da proposta originalmente preparada. Na realidade, ainda que existam, elas tendem a ser mais construídas no momento. Elas precisam ser impactantes e diferentes para quebrar o ritmo do impasse.

---

[3] O termo informação sensível é o que Vaitsman (2001) coloca como a informação estratégica que deve ser protegida porque é a que fornece vantagens competitivas para a organização.

72 Capítulo Três

Sugiro ao leitor que releia as características do opositor e que reflita sobre as diversas formas de enfrentá-las. Busque identificar as palavras que remetam às idéias de incerto, inédito, diferente, e outras como envolver, ser original e seduzir. Logo, quando uma negociação começa a denunciar que vai gorar, é chegada a hora de deslumbrar os presentes com uma solução impactante.

Um cuidado adicional se faz necessário. A alternativa tem hora exata para ser colocada. Preste atenção:

- se for colocada antes que a negociação originalmente planejada tenha dado sinais de cansaço, pode ser rejeitada, dependendo do clima da situação; do mesmo modo,
- depois da hora, perde-se o fator oportunidade.

Logo, ela tem que ser oportuna e salvadora. Você precisa saber lançá-la na hora certa, até porque ela não tende a ser a melhor solução para a negociação, senão você a teria lançado primeiro. Comparada com a original, deve ser razoável, dentro dos parâmetros aceitáveis para dirimir o impasse, e, como já nos referimos, capaz de gerar valores para todos.

Em resumo, saber o que irá negociar, seus possíveis limites de tolerância, os aspectos que devem ser ratificados ao longo da negociação, e até alternativas, exige um plano cuidadosamente elaborado. Todavia, a diferença competitiva que aufere ao negociador compensa o esforço. Exploremos agora a ferramenta e o aspecto dinâmico da negociação: a atenção difusa e os momentos do processo.

3.7.2.4 Atenção difusa

Definidos, pois, os elementos que parametrizam a negociação em termos de valor que possui a negociação para você, seu grupo e sua organização, você vai se preparar para se orientar dentro do ambiente em que se trava a negociação – seu radar precisa estar ligado.

Trata-se todavia de uma atividade complexa, porque você, ao chegar no ambiente da reunião, precisa tentar capturar a informação relevante. Nesse instante, o relevante é confirmar suas hipóteses de planejamento da negociação. Certamente, pelos dados disponíveis, você inferiu o clima da negociação, o interesse do adversário, além de seus pontos de resistência e possíveis margens de manobra. Ter uma atenção concentrada em um ponto revela-se prejudicial, pois pode impedir a entrada de outras informações. Surge a necessidade de aprender a discriminar a informação coerente em meio ao burburinho de várias pessoas falando.

Não obstante, não se restrinja a ouvir o que está sendo falado. Procure ler sinais faciais, atitudes denunciadoras de posicionamentos e a expressão das pessoas. Preste atenção nos grupos que se formam espontaneamente e no grau de interação interno dos grupos; isso pode denunciar conchavos e ações coletivas já acertadas. Observe o grau de perturbação que sua presença provoca apenas ao se aproximar dos diversos grupos. Se houver alguém conhecido, dirija-se a ele e observe o nível de desconforto que você causou.

Anote e compute as informações. Tente construir um mapa mental dos prós e dos contras e confira com seu *script*. Organize-se mentalmente para responder com propriedade às possíveis ameaças e oportunidades detectadas.

Quando a negociação começar, continue usando a atenção difusa como arma para perceber informações laterais que podem denunciar a veracidade, a importância, a confiabilidade e muitos outros atributos do debate que está sendo traçado. Se você não estiver sozinho, troque informações silenciosas com seu parceiro da equipe para regular sua percepção.

Desenvolver a atenção difusa exige treinamento e paciência. Exercite-a em locais públicos e você vai se maravilhar com a quantidade de informações que consegue perceber nesses ambientes.

3.7.2.5 Momentos do processo

O que vamos dizer pode parecer óbvio, mas é fundamental. Uma negociação tem preliminares, início, meio, fim e desdobramentos. Essas etapas possuem características bem distintas para as quais você deve estar atento. Um bom negociador sabe o que o aguarda em cada etapa e percebe quando uma está dando lugar à outra. Vamos explorar um pouco cada uma.

- **As preliminares.** Como o leitor deve estar familiarizado, refere-se ao momento que precede a rodada de negociação. Por isso, é importante chegar antes da hora para se familiarizar com o local. Quando a reunião de negociação é realizada em local fora da sede dos diversos participantes, há um momento em que as pessoas se vêem informalmente. Aprenda a utilizar esse espaço com habilidade. A atenção difusa comentada na seção anterior é fundamental nesse momento.

O bom analista de informação, que todo negociador tem de ser, consegue obter informação até pela ausência da informação. Conan Doyle, em uma das histórias de Sherlock Holmes, explora um episódio no qual Sherlock solicita a um mordomo que prestasse atenção em tudo que ocorresse e contasse para ele quando de seu retorno. Ao chegar, o mordomo informou que nada tinha ocorrido, e acrescentou: nem o cachorro latiu. Sherlock correu para fora e constatou que o cachorro havia sido envenenado. Aí está o espírito desse momento: descobrir, organizar e articular as informações e estabelecer relações informais com os demais participantes.

- **O início.** Esse é o momento de sondagem. Busca-se aferir a real atitude e as expectativas de seus adversários. Tateia-se em busca de sustentação. Na prática, usando termos esportivos, os adversários estão se estudando.

  Diversos balões de ensaio devem ser lançados para aferir realmente o grau de importância da negociação, o perfil do adversário, seu grau de preparo, o quanto ele sabe de seus interesses, a ansiedade que cerca os participantes e outras informações que confirmam, ou não, seu *script*. Aqui as partes constroem uma trilha provável da negociação e começam a expor seus trunfos. Ao contrário dos jogos de carta, as cartas de maior valor são deixadas para o fim. Normalmente esse tempo é usado para homogeneizar o conhecimento das partes sobre o tema.

  Aqui busca-se redefinir o problema, explicitar seus impactos e caracterizar, de um modo geral, as expectativas de cada um. Também caracteriza-se como um momento de exibição de força que pode ser identificada pelo poder de comunicação do apresentador, pela qualidade do material apresentado, pela profundidade com que o tema foi abordado, enfim, de alguma forma cada um procura definir uma assimetria – sua diferença competitiva, de modo que o prato da balança penda para seu lado.

- **O meio.** Essa é a fase da negociação propriamente dita. A atenção difusa ainda se mantém como uma ferramenta de elevado valor. Mas agora entram em cena a experiência e as competências do negociador. Sua capacidade interpretativa vai ser posta à prova em tempo real, sua estabilidade emocional precisa ser demonstrada porque sua emoção não pode trair sua razão, e o conhecimento dos artifícios que podem ser usados lhe fornecem uma capacidade de filtragem significativa.

Sabendo aonde quer chegar, como pode chegar e o que pode barganhar, o negociador tem um alvo bem-definido. Apesar de o alvo ser importante, tudo nesse instante gira, na verdade, em torno de você. Deixamos aqui um trecho de Sun Bin (1996) para reflexão: *"Se as flechas estiverem adequadamente pesadas e balanceadas, e se o arco se esticar como deve e enviar flechas com uma força uniforme, mas o arqueiro não estiver bem, ele não atingirá o alvo."*

- **O fim.** Esse é o momento do fechamento. Definidos os avanços e os recuos, as idas e vindas, as concessões realizadas e o resultado global do jogo, é hora de fechar a negociação. É o momento de registrar os compromissos. Embora voltemos a esse tópico mais à frente, não custa nada reforçar que tudo deve ser obsessivamente registrado, com responsabilidades e prazos.

  Um detalhe importante é que o momento de fechar não deve ser protelado. Lembre-se de que, se você negociou bem, o poder está com você. Karrass (1988) afirma: *" (...) o poder está em quem consegue vê-lo. Já ficou provado várias vezes que o poder é um estado de espírito. Você tem tanto quanto pensa que tem"*. Use-o. Seja rápido e conclusivo. Nada de deixar para amanhã. Ninguém garante que o jogo será o mesmo no dia seguinte. Lembre-se do caso do sujeito que nos quis comprar o apartamento. Sua arrogância e, por que não dizer, ganância o levaram a perder um grande negócio.

  A percepção do momento de fechamento é uma das competências que o negociador deve ter. A eterna ansiedade de se conseguir algo mais precisa ser controlada. As perguntas básicas que você deve se fazer são: Consegui atingir o objetivo planejado? O jogo foi um jogo de soma positiva? Se não foi de soma positiva, no caso de soma nula, a balança pendeu para o meu lado? Se você perceber que as respostas foram convenientes, não há mais o que negociar.

- **O desdobramento.** Um fato que todos negligenciam é que a negociação, ao contrário do programa do Chacrinha, não acaba quando termina. Sim, porque a negociação foi apenas um acordo, que precisa ser operacionalizado.

76   Capítulo Três

Esse é o momento que o bom negociador acompanha para ter certeza de que sua credibilidade não será ameaçada. Ao contrário dos vendedores que nos atendem com a maior solicitude quando nos vendem e simplesmente desaparecem quando o produto ou serviço vendido apresenta problema, o negociador eficaz acompanha as fases de implantação das soluções e zela para que todos os compromissos acordados sejam honrados.

Daí a diferença entre negociar e vender. Como afirmamos no início, pela forma normal que os termos se associaram, negociação e venda são vistas, até pelos livreiros, como da mesma natureza. Apenas por extensão figurativa é que negociar se refere a venda, ainda que vender pressuponha negociar preços e condições de pagamento.

Os desdobramentos surgem pois como parte integrante da negociação e como seu elo final. Antes de prosseguir, já que tocamos em credibilidade, convém entender que um dos produtos importantes da negociação é a manutenção e, se possível, o aumento de sua credibilidade. Vamos então explorar o tema um pouco mais.

– **Credibilidade.** Tomando Moore[4] (1998) e suas referências sobre a credibilidade do mediador, podemos caracterizar a credibilidade do negociador como composta de alguns elementos, tais como:

a. Compromisso com o produto negociado. Revela-se, como alertado, de fundamental importância que o negociador seja reconhecido pela garantia que oferece de que o acordo será cumprido.

b. Criatividade. Medida pela capacidade de encontrar soluções que agreguem valor para as partes.

c. Capacidade de percepção rápida da situação. Medida pela rapidez com que percebe os focos de conflito, as demandas das partes e os interesses dos oponentes.

d. Estabilidade emocional. Caracterizada tanto pelo controle que demonstra de seus próprios sentimentos como pela capacidade de se apoiar no controle dos componentes da mesa de negociação.

---

[4] Para uma aprofundamento das idéias de Moore veja páginas 86 e 87 do livro citado na Bibliografia.

e. Capacidade de aprender. Facilidade com que absorve as informações sobre o tema, articula-as, transforma-as em conhecimento e as utiliza com propriedade.

f. Engajamento. Demonstrado pelo envolvimento e esforço despendido no encontro da solução que mais agregue valor para as partes.

3.7.2.6 À guisa de resumo

De tudo o que falamos até agora, façamos uma reflexão.

Todos sabemos que o ambiente empresarial é fértil em identificar, rotular e sistematizar processos como se esses fossem prerrogativas próprias e, portanto, novidades para os indivíduos em suas atividades diárias. Certamente os nomes que rotulam os processos em muitos casos tendem a ser originais, porém a maioria deles, informalmente, faz parte das atividades de qualquer indivíduo, esteja ele inserido, ou não, em um ambiente empresarial.

Um desses processos, que cada vez mais ganha ênfase, dada a incontestável globalização, é o processo de negociação. O que se esquece é que o ato de negociar deve ser entendido como uma atividade básica do homem desde o momento hipotético em que dois indivíduos decidiram formar um grupo para enfrentar de maneira mais eficaz os desafios da natureza.

Nesse contexto, a busca de uma forma comum de convívio entre duas pessoas caracteriza-se como uma negociação, não importando se foram explicitados, sob forma argumental, ou não, os mecanismos de avanço ou de recuo entre as partes, para que se encontre o ponto no qual ambas admitam que estão ganhando mais do que perdendo.

Na verdade, todos negociamos desde que nascemos, não importa se chorando no berço para trocar choro por mamadeira ou fazendo uma concessão estratégica que pode nos render muitos milhares de dólares no fechamento de um contrato internacional.

Claro que o ambiente empresarial, pela fertilidade do meio para gerar confrontos e, portanto, negociações, contribuiu bastante para que certas regras do processo fossem consolidadas.

Em nossa experiência profissional, participamos de diversas negociações nacionais e internacionais e temos prestado consultoria a organizações que se interessam em ter em suas fileiras negociadores eficazes.

Ainda que exista um número enorme de regras que devem ser seguidas, inclusive comportamentais, uma negociação eficaz passa por pelo menos alguns aspectos invariantes.

Antes de tudo, negociar é como disputar um esporte competitivo. Você precisa ter habilidade, treinar e jogar bem. Habilidade é algo inerente a você: ou você sabe jogar ou não sabe. Treinamento é equivalente ao planejamento prévio – você deve estar preparado para o jogo. Finalmente, jogar bem é uma arte, e nessa hora você estará sozinho, sua habilidade, seu treinamento darão a base, mas sua eficácia é que caracterizará um desempenho adequado.

Como já falamos em *script*, achamos que este é o momento de fixar o seu conteúdo. Como sabemos que toda negociação em ambiente organizado precisa ser apoiada por um intensivo levantamento informacional, seu *script*, no mínimo, precisa ressaltar:

- O produto da negociação: aonde você que chegar?
- O seu ponto de sustentação: o seu ponto de máximo recuo?
- O seu objeto de barganha: o que você admite dar em troca?
- Qual a alternativa criativa, singular e inédita?
- O valor da negociação: qual o valor do sucesso ou do fracasso para você e principalmente para seu oponente?
- O perfil de seu oponente: quais as características do negociador que estará do outro lado da mesa?
- Informações específicas sintetizadas: o que você precisa saber sobre o tema da negociação?
- Suporte técnico: quais os seus auxiliares diretos?

Com isso na bagagem, você está preparado para a disputa. Ainda que na hora de jogar ninguém possa fazer nada por você, selecionamos três recomendações que deixaremos à sua reflexão:

- Permita que seu oponente construa uma solução junto com você. Lembre-se: "Quem não se vê como parte da solução considera-se parte do problema." Se seu oponente se achar do outro lado, fica mais difícil chegar a um acordo.
- Deixe uma saída para seu oponente; não adianta acuá-lo contra a parede. Lembre-se de que se um ratinho se sentir acuado, esquece

que é pequeno e, se você bobear, acaba mordendo você. Se seu oponente não tiver como recuar, nunca vai poder fazer concessões.

– Finalmente, não ache que porque você leu tudo a respeito de negociação ela está no papo. Lembre-se, e parta deste pressuposto, de que seu oponente pode ter lido os mesmos livros e estar tão preparado quanto você. Logo, negocie com confiança, mas não subestime o adversário. Ele é capaz de ganhar tanto quanto você.

Neste momento do livro, considerando a credibilidade do negociador, e dados os elementos básicos de sustentação de sua posição, a atenção difusa como sua melhor ferramenta e percebendo a dinâmica do processo, está na hora de enfrentar alguns desvios da normalidade

3.7.3 A Negociação pelo Poder

Até agora tudo o que foi dito e sugerido partiu sempre do pressuposto de que nas negociações em que você estiver envolvido, apesar de uma certa malícia, natural em qualquer competição, o que estava em jogo era o produto da negociação. Mas existem casos cuja história pregressa, as pesquisas realizadas e o próprio andamento das negociações fazem ver que o que estará em jogo será o poder.

Esses casos são aqueles em que do outro lado da mesa de negociação está alguém, que está tomando o tema da reunião apenas como referência para desqualificar você. Trata-se de uma situação muito difícil porque não existe um tempo certo para você rearrumar suas táticas de atuação. Todavia, se você agir:

- antes da definição clara do objetivo escuso do adversário, você pode ser pego pelo pé, pois o opositor, com a maior cara de pau, vai se portar como vítima de um indivíduo prepotente etc. – e você vai perder a guerra –, e pior, ele o desqualificou sem precisar mexer uma peninha... você mesmo o fez;

- depois do tempo correto, ele já utilizou suas armas com a habilidade de todo mal-intencionado, e você vai se defender, e defender, e defender – mas a guerra vai pender para o lado dele;

- na hora exata, seria genial, mas, convenhamos, de trinta tentativas para definir a hora exata, se for muito bom, você talvez acerte três. Bem, em 90% das vezes vai cair na armadilha. Como proceder?

80   Capítulo Três

Existe uma máxima que diz: "Jogo cujo melhor resultado possível é o empate não se joga." Só para ilustrar, você gosta de jogar jogo-da-velha? Claro que não. Se todos os dois oponentes souberem jogar, jogo-da-velha só dá empate. Fuja dessas negociações como o diabo da cruz. Se você jogar maravilhosamente, o resultado é empate; se jogar mal, perde. Descarte a negociação, não vá e pronto. Se necessário mande um representante. Se o outro aceitar, o melhor resultado para ele será o empate, já que você fica como último tomador de decisão e, confortavelmente, de fora.

Mas às vezes, seja porque você está em uma reunião política, seja porque precisa liderar uma mudança de paradigmas – os quais com muita propriedade seu opositor representa –, seja lá por que motivo for, você tem que comparecer e ganhar a guerra. Lembre-se de que nesse momento o que está em jogo é o poder.

Vale a pena reler Maquiavel, *As 48 Leis do Poder* de Greene e Elffers, respirar fundo e botar na cabeça que a palavra-chave é manipulação – ou você manipula ou sai de lá manipulado.

Existe um sem-número de técnicas. Aqui vão algumas, mais adaptadas ao contexto de um processo negocial. Todavia, um lembrete precisa estar incorporado à sua rotina de vida: não se esqueça que são ações preventivas.

Como a identificação clara do clima da negociação é condição do sucesso, não deixe que uma posição do tipo pé atrás ponha a uma negociação perder. A aferição do pulso da negociação precisa ser rápida e precisa, de modo a que sua forma de agir seja reorientada ao menor sinal de que você estava na realidade vendo chifre em cabeça de cavalo.

3.7.3.1 O grande paradoxo – poder não se negocia

Parece uma brincadeira colocar-se após o preâmbulo a idéia de o poder ser inegociável, mas trata-se de uma colocação muito séria.

Ainda que, em tese, o poder não seja um elemento que deva ser colocado nas mesas de negociação, ele sempre lá estará, mesmo oculto.

A negociação do poder independe de sua vontade. Em maior ou menor escala, ela estará sempre presente em qualquer processo negocial.

Quando lá atrás, em determinado momento, foi apresentada a condição de continuidade como elemento característico da eficácia do negociador, o que estava em jogo, no final de contas, era seu poder – no caso o poder de ter decidido daquela maneira e portanto garantir que o fruto da negociação será implantado.

O que você deve ter na cabeça no instante da negociação é que o seu opositor pode achar que você cedeu parte do poder em prol de um resultado, mas o que você realmente fez foi usar seu poder para abrir mão de determinadas exigências em prol de um resultado melhor.

Esses são os casos gerais e ideais; não se deve tirar o olho da bola e usar o poder do modo mais conveniente aos propósitos planejados.

Os casos que estão sendo abordados agora são aqueles em que o objetivo, normalmente, oculto da negociação é o próprio poder.

Convém ressaltar que a reiterada referência ao aspecto oculto do objetivo, não fosse o caráter didático-pedagógico deste, seria totalmente desnecessária.

Claro que ninguém convocará uma reunião de negociação cuja pauta esteja expressamente definida como: "a reunião a ser realizada no dia X terá como objetivo definir quem efetivamente manda; se o Sr. H, com tais especializações e competências, ou o Sr. Y, com tais competências essenciais".

Ainda que isso seja uma verdade incontestável, o tema da negociação versará sobre aspectos tangíveis ou não, que simplesmente servirão de referências para que a luta pelo poder entre H e Y se deflagre.

Mas, seja você o Sr. H ou o Sr. Y, o que você não pode esquecer é que, ao contrário das negociações em que você tem seus limites e pontos de recuo definidos, nas negociações em que o poder está em jogo não há ponto de recuo e, portanto, qualquer alternativa de poder menor.

Em uma negociação genérica, dificilmente uma mudança de nível de poder está no âmbito dos negociadores. A idéia mestra está na tendência de que, em 90% das negociações, se está tentando fazer com que ou o poder passe de mão, ou alguém perca o poder que possuía.

Anote e guarde para futuras referências uma frase simples, mas altamente significativa: em princípio, poder não se negocia.

3.7.3.2 Use a ousadia com propriedade

As seções anteriores já demonstraram que na arena da luta pelo poder não há lugar para tímidos, mal informados, desatentos e ilógicos.

82   Capítulo Três

Partindo do pressuposto de que você consegue superar qualquer dos obstáculos citados, há um momento em que você precisa inferir, intuir e, conseqüentemente, arriscar para colocar um ponto que abale as convicções do oponente. Bote sua ousadia para fora.

A primeira condição de sucesso para essas situações, ou seja, aquelas em que sua experiência, seu *feeling*, suas informações e sua capacidade interpretativa denunciam que é chegada a hora de dizer algo que abale as estruturas, é que você esteja convencido daquilo que vai falar.

A primeira pergunta que você deve se fazer quando está em jogo a descoberta de uma luz no fim do túnel deve ser: eu me convenceria com essa argumentação?

Antes de prosseguir, atente para a possibilidade do blefe – afinal de contas, em linhas gerais, você poderá estar blefando.

Faça a si mesmo perguntas sobre a validade do blefe. Imagine se existem recursos para sustentar a ameaça, as perdas que você terá se for obrigado a manter a posição assumida. Se estiver hesitante, não ouse.

Nunca se esqueça que, como pressuposto, o adversário é tão preparado quanto você e, quem sabe, talvez tenha lido até os mesmos livros – ele o está analisando o tempo todo. Não convém se arriscar em terreno escorregadio.

Mas, como ser ousado não é necessariamente um comportamento do domínio geral das pessoas, talvez valha a pena você se ater um pouco mais sobre a intencionalidade que está por trás da expressão "use a ousadia com propriedade"; caso contrário, corre-se o risco de se entender a palavra "ousado" como sinônimo de intempestivo, agressivo e outros adjetivos correlatos.

A timidez a que se refere o parágrafo inicial está mais para hesitação decisória do que para aparência. Pelo contrário, a aparência que acompanha a forma de ser ousado deve ser muito bem planejada.

Dos diversos modos com que você pode demonstrar sua ousadia, existem duas formas básicas que podem ser utilizadas:

- a convicta ostensiva, que desperta o medo nos oponentes; e
- a insegura controlada, que desperta a autocensura no interlocutor quando descobre que você estava certo.

Por mais incrível que possa parecer, quanto mais convicto você estiver da sua posição, mais utilize a segunda forma. A posição enérgica e convicta tende a diminuir a capacidade de crítica do opositor e, inclusive, lançar sementes de discórdia na equipe adversária.

Essa dúvida potencial lançada por uma posição decidida faz com que se desenvolvam, a partir daí, questionamentos interiores do tipo: Por que não me disseram isso? O que foi que eu deixei de considerar? O que meu chefe deve estar pensando de mim?

Percebida a indecisão, não deixe o grupo se reorganizar – ataque firme no flanco aberto. Você provocou uma dispersão, e o negociador e sua equipe, por um lapso de tempo, tendem a não se comportar como um time.

Analogamente ao boxeador que, por segundos, baixa a guarda ao acusar um golpe, o queixo do oponente ficou à sua mercê. Não é aconselhável deixá-lo respirar, já que possui uma recuperação rápida e um soco tão bom quanto o seu está, o tempo todo, esperando seu queixo ficar à mostra.

A segunda posição aparentemente insegura pode ser conseguida por uma frase vacilante do tipo: eu não estou muito certo mas, não seria mais correto se... E complete com a frase bombástica.

Após a hesitação do oponente, se seguirá um semblante "sem-graça" dos adversários, um entreolhar típico de "fizemos besteira".

De novo, abriu-se o flanco. Vá com calma e firmeza; afinal de contas, você é que está certo. Mas, mesmo assim, não deixe o adversário se reorganizar. Ataque. Você não sabe quantas vezes essa janela se abrirá de modo a que você possa desfrutar de uma visão direta do ponto nevrálgico de seu oponente.

3.7.3.3 Oriente sua energia

Ainda que essa seja, em tese, uma recomendação válida para qualquer tipo de negociação, ela aqui cresce de relevância.

Enquanto em uma negociação em que a meta final é obtida por um ajuste de avanços e recuos, é possível, e necessária, uma atenção difusa a vários detalhes para se formar o todo; na negociação em que o poder dos negociadores é que está em jogo, o foco está perfeitamente definido, portanto qualquer desvio de atenção pode ser fatal. Pode-se afirmar que as partes devem ser conquistadas a partir do todo.

Mas, como ninguém é de ferro, você será tentado a divagar em torno de questões colaterais, até porque do outro lado existe um negociador que, se puder desviar seu foco de atuação do verdadeiro problema, o fará com toda a maestria. Policie-se. Não se deixe enganar por esse movimento, que, intencional ou não por parte do opositor, o levará a pseudo-vitórias. Você cairá na armadilha do pescador e acabará sendo fisgado pelas iscas lançadas.

Outro fator muito importante: se você estiver na negociação assessorado por membros de sua equipe, a recomendação para não se distrair deverá estar bem enfatizada no momento do planejamento para que a energia de sua equipe não se disperse e acabe por se perder a meta efetiva.

Talvez valesse, a título de ilustração, uma situação do filme *Karatê Kid*, na qual o Sr. Miagui olha para Daniel e, colocando os dois dedos na face, formando um V apontando para cada olho, adverte: "Daniel, mantenha o foco."

Aliás, esse é um bom código para você trocar com seus auxiliares quando eles começarem a perder o foco da reunião, por tecnicismo, descontrole emocional, desligamento ou qualquer forma usada para desviar do verdadeiro foco da questão.

Para sua orientação, sempre que um assunto paralelo da negociação atrair sua atenção, procure com calma fazer a si mesmo as seguintes perguntas:

- Se você enveredar no assunto que atraiu sua atenção e obtiver sucesso, isso colaborará para que a assimetria de poder a seu favor se mantenha ou se amplie?
- Se você dirigir sua atenção para o novo tema, estará deixando de colocar energia em outro ponto cuja relação custo/benefício em relação ao poder é menor?
- Se você ignorar o tema e tiver que fazer concessões, isso implicará perda relativa do poder para os formadores de opinião?

Feitas as devidas ponderações, oriente a energia de forma a otimizá-la e a tirar o maior proveito na busca do sucesso que você pretende obter na negociação.

Ganhar ou perder batalhas não importa; importa, sim, ganhar a guerra.

3.7.3.4 Identifique o ponto fraco dos oponentes

Os programadores de videogames dizem que não existem sistemas inexpugnáveis porque, para poder haver uma rota alternativa de acesso, quando o sistema, como se diz no jargão, "dá pau", todos os programadores introduzem uma porta dos fundos, por onde se pode entrar.

No filme *War Games*, um garoto aficionado por joguinhos tanto tenta que acaba entrando pela tal porta dos fundos e quase deflagra uma guerra nuclear ao propor ao computador de defesa norte-americano um jogo: guerra termonuclear global.

Pois bem, toda negociação do poder tem uma porta dos fundos. Por trás da carapaça de impenetrabilidade que seu opositor colocou existe um ponto fraco. Algo que está sendo habilmente oculto que, se tocado, retira-lhe a vantagem competitiva programada.

De novo, os debates políticos usam e abusam dessa artimanha, chegando a ponto de trazer ao público aspectos da vida pessoal que não interessam ao tema do debate.

Todavia, lembrando que o que está em jogo não é ser vencedor, mas influir na opinião pública – digitalmente, não perder poder e, quanticamente, saltar para um novo nível energético –, a ética vai para o espaço e vale tudo.

Não se deseja aqui partir para a recomendação do vale-tudo, mas simplesmente alertar para que você tome cuidado porque o outro pode estar jogando esse jogo. Tome muito cuidado com seus próprios pontos fracos.

Mas, ainda que o uso dos pontos fracos possa ser questionado eticamente, dependendo do sujeito da ação, não é possível ignorá-los. Você deve estar atento a isso.

O correto é você levantar, no período de planejamento, os pontos fracos do oponente que interessam na mesa de negociação. Mas, como nem sempre o tempo é parceiro perfeito para essa fase do trabalho e a surpresa também gosta de pregar suas peças, nesse instante vale a pena ficar atento aos sinais não-verbais.

Observe os sinais de inquietação e ansiedade do oponente, os gestos trocados entre os membros da equipe adversária, e use seu talento para improvisar.

Lance balões de ensaio sobre as dificuldades de se atingirem determinadas metas da negociação que você percebeu serem componentes da "porta dos fundos" e perceba e analise as respostas.

Se notar que o opositor está bem preparado, lembre-se de que, por melhor que uma equipe esteja preparada, o inesperado pode gerar informações descentralizadas.

Fique, portanto, de olho nos membros da equipe adversária que parecem estar fora do foco. Perceba seus movimentos e tiques nervosos. Cuide para conseguir perceber sentido nesse conjunto de informações aparentemente desconexas.

Como um artista, junte as peças do quebra-cabeça e gere um modelo de leitura dos sinais não-verbais. Cheque sua consistência. Teste o modelo encontrado utilizando frases habilmente colocadas e dirigidas para o indivíduo ou indivíduos que, inconscientemente, enviam sinais não-verbais sobre confirmação, negação, preocupação etc.

Confirmado o modelo, utilize-o com habilidade, escancare a porta aberta e organize sua argumentação para garantir para si o poder ameaçado.

3.7.3.5 Pague o preço devido – nada deve ser de graça

Sempre tendo em mente que a luta pelo poder não tende a ser limpa, as regras que estão sendo colocadas partem sempre da assimetria e da perspectiva de que seu tapete pode estar sendo puxado.

Ganhar algo de graça em uma negociação ética em que os negociadores se respeitam e, apenas, querem o máximo dentro de um processo de barganha, um toma-lá-dá-cá, não tem nada de mais. Em uma luta pelo poder tem, e muito!

Nessas ocasiões, vale a expressão, imortalizada pelo economista americano Nilton Friedman: "There is no such a thing like a free lunch" (Não existe almoço grátis).

Nunca aceite nada de graça. Pague o preço devido por concessões e agrados. Tenha em mãos, como os colonizadores, objetos de troca. No caso, não serão apitos nem miçangas. Devem ser facilidades ou até ativos comparáveis com os "graciosamente" ofertados pelo oponente e que se revelem de interesse da negociação nominal que está dando cobertura à luta pelo poder.

Se a oferta não se enquadra na tipologia da negociação, pode ser até difícil fazê-lo, mas agradeça e diga não.

Coisas do tipo: Você está sozinho na cidade? Fique com meu carro. Você já deve ter entendido a mensagem: você será cobrado mais à frente e sua ética intrínseca vai aflorar sob a forma de culpa ou gratidão (Greene e Elffers, 2000).

Um antigo personagem do humorista Jô Soares representava um político com idéias de reformulação importantes e que possuía uma cauda enorme, como a da Cuca do Sítio do Pica-Pau Amarelo, presa no solo por uma tachinha respeitável. Após seus assessores analisarem as ações dos adversários e todos concluírem qual a reação que acabaria de vez com as mamatas políticas, eles tomavam uma posição de expectativa e perguntavam ao político: Como é, excelência, vamos agir?

E a sua resposta invariável era o bordão: "Não posso, tenho o rabo preeeeso!!!"

Pois é, em uma negociação pelo poder você não pode ter rabo preso em hipótese alguma.

Logo, lembre que qualquer coisa grátis, nesse tipo de negociação, dá alergia difícil de ser curada e deixa seqüelas que podem se tornar seu ponto fraco de amanhã.

Quem sabe se seu oponente não está, como diz o ditado, plantando verde para colher maduro? Mantenha elegância e, sem desfeitas ostensivas, agradeça e decline – na dúvida, sempre decline.

3.7.3.6 Nada mais perigoso do que o poder do poder

Muitas vezes o processo manipulativo gera monstros. A sensação de poder advinda de uma vitória na luta pelo poder não tem preço, mas para você tem que ter.

Incorpore a tese das artes marciais. O que acabou de ser transmitido para você é um mecanismo de defesa, nunca de ataque.

Aprenda a se harmonizar com os valores que existem em você. Algumas linhas atrás, falamos que existe uma coisa que não se negocia – o poder. Existe outra mais importante: o seu valor.

É importante que você nesse instante reflita como foram construídos os valores que hoje pautam suas ações. Valor não é uma coisa que se compra em supermercado; é fruto da incorporação de pequenas informações no seu inconsciente, que acabam por constituir uma estrutura – é uma história de vida.

Pense um pouco sobre sua vida. Ela é fértil em lhe apresentar uma série de ensinamentos, fruto das mais diversas experiências. Dentre esses ensinamentos, alguns foram obtidos na família, outros na religião, outros na escola, outros na rua e outros, sem esgotar as fontes, no ambiente empresarial.

Acredite nisso ou não, a família e sua religião foram responsáveis pela ética que há em você. Suas atitudes são condicionadas por esse conjunto de valores que compõem sua base referencial. Ela define o que você aceita para si mesmo, o que pode e o que não pode ser feito para que você não pague um elevado preço psicológico por isso.

O uso repetitivo do conjunto de recomendações que você recebeu até agora talvez traga um vetor diferente que pode, em determinadas circunstâncias, entrar em conflito com sua estrutura de ver o mundo. O que é natural, pois qualquer conhecimento novo pode provocar mudanças. Conceitualmente, essa possibilidade de mudança tem suas explicações.

Tomando por base Piaget, convém lembrar que o modo mais característico da incorporação de novas estruturas se dá pelo confronto de estruturas que não se ajustam. Desse confronto, pode-se adensar uma estrutura com novos conhecimentos ou pode haver uma ruptura tal que a nova estrutura que se forma se articule aos valores advindos do conhecimento adquirido.

Em outros termos, o choque entre o que você conhecia e o novo pode ser tão forte que o modelo pelo qual você interpretava o mundo até aquele momento acaba ruindo e dando lugar a um novo modelo. Esse novo pode incorporar novas atitudes, pode manter a grande maioria etc. Não importa. O que importa é que ninguém sai ileso de um choque de estruturas cognitivas. Aí vai o alerta mais importante: não permita que o exercício da negociação por poder modifique seu conjunto de valores.

Aprenda a usar as regras aqui apresentadas como um mecanismo de defesa, um grande parênteses aberto, uma hipótese *ad hoc*, uma incorporação por mero adensamento às suas estruturas que não altere a sua forma de ver o mundo, que deve continuar sendo ética e engajada sempre, tendo como foco uma negociação em que todos ganhem.

O conjunto de regras e recomendações estratégicas, táticas e operacionais foi apresentado apenas para que você tenha as ferramentas adequadas para entrar com desenvoltura em qualquer campo de negociação, mesmo nos campos minados.

Não se esqueça que, com relação ao perigo das "minas", você recebeu informações importantes de como detectá-las, como contorná-las e, quando for o caso, eliminá-las para que não prejudiquem ninguém.

É esse tipo de comportamento que se pode verdadeiramente conceber como negociar. Quanto às ferramentas, saiba usá-las com propriedade, reservando-as para situações muito especiais.

3.7.3.7 Aprenda a utilizar sua linguagem não-verbal

Coloque sempre na cabeça que, assim como você procura ler as informações ocultas demonstradas pela linguagem não-verbal do seu opositor, do outro lado as suas também estão sendo lidas. Cuidado com o que você está dizendo sem saber, mas que pode ser fácil extrair pelo seu vestuário, seu modo de olhar, posição das mãos, dos braços ou do corpo propriamente dito, enfim pelas formas indiretas de comunicar sua imagem.

Mas e se, em vez de se tornar extremamente cuidadoso para não denunciar comportamentos, você utilizar esses sinais em seu favor? Imagine que, se você pode demonstrar, sem perceber, que gostou, ou não, de algo; se está interessado, ou não, em determinada parte da discussão; ou inconscientemente denuncia seu objetivo com um suspiro, ou um olhar mais incisivo, não deve ser nada difícil fazer com que o oponente receba tais informações quando você quiser.

Logo, o vestuário pode ser escolhido para quebrar paradigmas a seu favor, demonstrando, por exemplo, uma posição superior que você habilmente desmistificará, no andamento da reunião, o que será tomado como ponto para você. Procure demonstrar, com dois ou três movimentos estudados, sinais de concordância, de contentamento ou de descontentamento. Aqui vão algumas sugestões:

- no primeiro caso, por exemplo, ligeiros movimentos de cabeça, olhando fixamente para o expositor, caracterizarão quando você se interessou e concordou com determinado argumento;
- no segundo, um modo de mostrar que você está satisfeito com o rumo das negociações poderia ser indicado por algo como uma mudança brusca de corpo, associada a um leve sorriso e um olhar para todos, como quem busca adesão da platéia;

90 Capítulo Três

- no último caso, para denunciar que você está rejeitando o argumento, estude algum movimento leve, como fechar os olhos, ou crispar as mãos, acompanhado de um olhar preocupado para baixo.

O objetivo desses sinais é demonstrar ao oponente, respectivamente, que pode ir em frente, que por aquele lado há possibilidade de acordo, ou alertá-lo de que é preciso rever posições, se realmente estiver interessado em um acordo. Imagine que, se você for bem sucedido, não só poderá conduzir a negociação para onde quer como poderá avaliar as dificuldades de atingir os objetivos procurados.

Um último alerta: não copie especificamente os sinais aqui propostos, mas crie seus próprios, de modo a personalizar suas ações e sentir-se confortável no uso da linguagem de sinais não-verbais.

3.7.3.8 Aprenda a lidar com seus próprios erros

Apesar dos cuidados na sua preparação para uma negociação, cometer enganos é uma possibilidade. Você, também, pode errar. Em algumas situações, você mesmo constatará a falha, sem que seu oponente tenha percebido. Observe um momento apropriado, cuidando para que seu oponente não se antecipe e retifique seu engano. Faça-o com segurança e retome o rumo da negociação, evitando uma longa digressão.

Em outras situações, seu oponente denunciará sua falha, fazendo-o de forma elegante ou explorando estrategicamente a oportunidade. Após ouvi-lo atentamente e confirmar a validade da objeção, não se justifique, nem procure remendar. Reconheça e agradeça.

Ainda que nesse instante se revele de suma importância a demonstração de autocontrole e simplicidade, existem erros que não podem ser cometidos e que podem desqualificar totalmente sua argumentação – são os erros que, queira você ou não, são mortais.

Por mais incrível que possa parecer, um erro de raciocínio, um erro técnico ou um erro de argumentação, que à primeira vista parecem ser mortais, não o são. São perfeitamente contornáveis com as técnicas que apontamos anteriormente; até porque, são naturalmente explicitados pelo oponente, o que acaba por gerar sua correção. O pior são os erros que não são denunciados, e que podem ser resumidos em dois tipos: erros de expressão e erros de ambientação.

No primeiro caso estão os erros que se caracterizam como vícios de linguagem. Muitos excelentes analistas perdem a credibilidade por absoluta falta de cuidado no trato da língua. Assim, cuide para que a cacofonia não deslustre a sua fala com expressões do tipo "uma mão", "amo ela"; ou no emprego errado do pronome. Cuidado com o uso errado do eu e do mim – um professor de português lembrava que eu falo, eu danço, etc., mas mim não fala, não dança etc. Por fim, mas sem pretender ter esgotado o assunto, preste muita atenção aos seus hábitos de se dirigir ao público. Ao término de uma explicação, palavras como né, viu, tá, em tom inquisitivo, acabam por ser alvo de pilhérias, como estatísticas do tipo: quantos nés já disse hoje e assim por diante.

Quando se expressar em outro idioma, cuidado com as palavras que são parecidas com as da língua portuguesa mas que na realidade significam outra coisa. Se vai falar em outra língua, a menos que seja capaz de pensar nessa língua, evite os improvisos nas apresentações, prepare cuidadosamente seu *script*, deixe o improviso para os debates, consulte especialistas antes.

Ainda que esse item pareça dispensável, não poderia deixar de lembrá-lo: evite ser ridicularizado por trocar o "L" pelo "R". Chico Anísio sempre disse que quem tem um "pobrema" na realidade tem dois.

Finalmente, cuidado com erros crassos de português como trocar cumprimento por comprimento, arreio e arrio etc. Existem diversas publicações que se especializaram nesses casos. Na dúvida, não arrisque. Faça como o executivo que mandou a secretária marcar uma reunião para sexta-feira. Quando ela perguntou se sexta era com "s" ou com "x", ele respondeu: "Transfira para quinta." Tenha habilidade para fugir das áreas do discurso em que não se sinta confortável. Se não souber, consulte antes. Não arrisque.

Em suma, no seu preparo, faça uma autocrítica séria se você tem ou não o hábito de errar em coisas desse tipo. Esses erros e outros semelhantes que você pode identificar previamente reduzirão em muito a taxa de erro de sua fala.

Um segundo fator é o que se entende por ambientação. Se vai negociar no terreno do adversário, não cometa gafes culturais. Procure se informar de costumes, hábitos e atitudes do local, principalmente no exterior, onde uma gafe social pode causar um prejuízo de milhões de dólares. Existem algumas publicações especializadas no tema; leia-as e não se descuide.

Em resumo, planeje-se sempre, inclusive nesses itens que podem lhe parecer irrelevantes mas que, quando surgem, podem desacreditá-lo e reduzir drasticamente seu poder de negociação.

Mas se você fizer tudo direitinho e mesmo assim as coisas começarem a correr para o outro lado, aqui vão algumas dicas.

3.7.4 Técnicas para Quando Tudo Parece Dar Errado

Acho que está ficando claro que com um bom planejamento, seu modelo interpretativo da realidade e sua habilidade em negociar, você será capaz de perceber o andamento da reunião, dirigi-la para seus pontos de maior competência e, até, identificar sinais denunciadores da formação de uma resistência. Nesse último caso, é necessário que você se antecipe e busque contornar com habilidade a situação.

Sua ação, proativa, e sua bagagem vivencial podem identificar o que se poderia constituir em objeção futura. Sua capacidade de argumentação, se aplicada no ponto e com a intensidade correta, pode desarticular a reação, impedir o desenvolvimento de resistências e garantir a conquista de suas metas planejadas. Mas nem sempre as coisas vão para o lugar planejado. No meio do caminho, podem surgir situações desagradáveis.

No andamento de uma reunião, essas situações desagradáveis que podem emergir devem ser interpretadas e neutralizadas a partir da sua categorização em algumas situações primárias, mais especificamente quatro: jogo duro do oponente, impasse, clima pesado e síndrome da derrota anunciada. Verifique com atenção que uma negociação é identificada como ruim quando pelo menos um desses quatro elementos situacionais esteve presente. Logo, nada mais justo que você tenha uma boa visão de como lidar com esses casos para reduzir sua perplexidade, aumentar sua confiança e demonstrar firmeza ao enfrentar situações que sejam uma função dessas situações elementares.

3.7.4.1 E se o outro lado resolver jogar duro?

Na prática, o jogo duro tende a encaminhar a negociação para um impasse. Lembrando-se de que o jogo duro caracteriza-se por uma ameaça semelhante a "se você não fizer isso, farei aquilo", você precisa ter tranqüilidade para analisar a ameaça com muito cuidado.

A primeira pergunta que você precisa se fazer remete ao tipo de jogo duro que está sendo aplicado: "Trata-se de um problema de personalidade do opositor ou de uma cartada estratégica para obter vantagens?" De qualquer modo, em ambos os casos aceitar o jogo duro pode atirar você em uma negociação de soma nula ou negativa, na qual, pelo menos como hipótese plausível, você vai mais perder do que ganhar.

A hipótese da personalidade do oponente deve ter sido fruto de sua avaliação prévia, portanto deve ter sido previamente equacionada por você e sua equipe. Logo, em princípio, você sabe como neutralizar esse aspecto. A hipótese de impasse decorrente será abordada mais adiante. Sobra a hipótese estratégica. Nesse caso, existem algumas verificações que necessitam ser feitas com rapidez. Mais uma vez, precisam entrar em campo com mais ênfase o seu planejamento e sua habilidade negocial. Não se esqueça que, em um pequeno espaço de tempo, você terá que fazer avaliações e tomar decisões das quais não venha a se arrepender mais tarde.

Pense um pouco; o que você tem em mãos que pode ajudar nesse instante de alta dramaticidade? Você tem dados sobre os ganhos potenciais que você e seu oponente terão se a negociação fluir como planejado. Por outro lado, e como contrapartida, você avaliou as perdas políticas e econômicas de uma decisão contrária aos interesses das partes. Aí está sua base de avaliação.

Agora observe a ameaça de modo analítico. Como toda ameaça, há um custo claro para você, caso contrário não seria uma ameaça. Mas, a menos que a negociação seja fortemente assimétrica, ou seja, seu oponente é que tem a condição de dar as cartas, toda ameaça tem um custo intrínseco que vai onerar também o lado dele. Avalie com atenção se é lícito presumir que para ele o custo da ameaça é maior do que o ganho, ou seja, a relação custo-benefício é alta. Se for o caso, trata-se ou de uma insensatez antológica, do tipo cavalo de Tróia, ou de um tremendo blefe. No último caso, blefe também com habilidade e procure ajustar seus avanços e recuos até eliminar a ameaça. Se você concluir que é insensatez do oponente, use os dados que possui e demonstre isso. Provavelmente ele recuará.

Mas há ainda uma possibilidade de que os custos da ameaça não possam ser suportados pelo oponente. Em outras palavras, a relação custo-benefício é baixa, mas há um impedimento, por exemplo, de ordem financeira – seu oponente não tem condições de arcar com os custos no curto prazo. Recai-se no caso anterior: trata-se de uma insensatez ou de um blefe. Proceda do mesmo jeito.

Finalmente, a ameaça pode ser plausível. Agora você precisa avaliar o custo-benefício de um recuo estratégico ou de medidas alternativas que possam reduzir os efeitos da ação que o está ameaçando. Avaliados todos esses pontos, você está diante de uma das seguintes alternativas, antes de se caracterizar um verdadeiro impasse: blefar, resistir, ganhar tempo, ignorar ou recuar à menor perda. Algumas recomendações são necessárias:

- Blefar só se justifica quando você tem certeza de que o outro lado está blefando; mas se não tiver certeza, não arrisque.
- Resistir justifica-se quando você percebe que do outro lado há um erro de avaliação. Procure resistir com elegância, favoreça a possibilidade de o outro recuar.
- Ganhar tempo tem razão de ser quando os dados que você possui são insuficientes para que você avalie a posição do oponente. Peça uma interrupção temporária e vá atrás dos dados.
- Ignorar é uma tática emergencial que pode surtir efeito. Procure ignorar a pergunta e com habilidade desviar o foco da discussão para um ponto de ganho mútuo. Convém manter em mente que muitas vezes as pessoas, após tomarem uma posição muito radical, ficam com dificuldade de recuar. Nesse instante, ignorar a ameaça pode ser a brecha que o outro procurava. Essa hipótese será confirmada se o oponente não voltar mais com a ameaça, o que permitirá que você, mais à frente, consiga a retomada menos emocional do tema.
- Finalmente, o recuar só deve ser efetivado quando você perceber que a ameaça ainda lhe permite ganhos com relação aos objetivos planejados da negociação e você absorve a ameaça e introduz as alternativas que levava para o caso de emergência. Certamente, no entanto, pode-se chegar a um impasse.

3.7.4.2 Quando a negociação se encaminha para um impasse

Não existem impasses proporcionados apenas por ameaças; às vezes eles são fruto do esgotamento, tanto seu quanto do opositor, das gorduras preestabelecidas e da possibilidade de se utilizarem alternativas.

Feitas todas as concessões por ambas as partes, a questão que você precisa enfrentar é: como sair do impasse sem oferecer mais concessões? Aqui, mais uma vez, um planejamento antecipado ajuda, porque você sabe o valor da negociação para ambos os lados.

A primeira coisa, pois, é tornar o impasse um objeto de decisão coletiva. Procurar caracterizar objetivamente o impasse. A partir daí, avaliar com toda a habilidade se você está diante de um impasse tático ou não. Lembre-se de que, se o impasse é tático, é porque se caracteriza pelo aparente esgotamento das concessões do oponente, com vistas a obter mais ganhos na negociação, ou seja, ele parece estar tão interessado quanto você em sair do impasse, mas na realidade ele está blefando. Se você acha que essa hipótese é viável, como já visto anteriormente, blefe também; dê a entender que a negociação não se fechará, relate os prejuízos para os dois lados, mas enfatize as perdas do oponente e destile tristeza e resignação.

Quando o clima estiver bem pesado e você notar que os oponentes não sabem como abrir a questão, tente mudar um pouco o clima aparente, com algo do tipo: quem sabe se revermos algumas posições não modificaríamos a posição atual. O que você (o opositor) proporia? Nesse instante, você pode avaliar se existem concessões a fazer pelo outro lado. Se perceber que sim, explore a brecha aberta, e talvez o impasse se resolva.

Por outro lado, se o impasse for real, é necessário perceber se é uma posição pessoal do seu opositor ou uma limitação que ele recebeu de seus superiores. Se o problema é uma posição pessoal, tente demovê-lo por argumentações complementares, tente demonstrar por absurdo o erro da posição sustentada, ou ainda as perdas que ambos terão com o impasse – é bem possível encontrar uma posição que agrade os dois. Todavia, se o problema se prende a limitações impostas, o caminho é permitir que um clima de cumplicidade se instaure, fornecendo condições para que o outro deixe transparecer as limitações externas impostas.

Nesse instante, vale lembrar um dos ensinamentos de Sun Tzu, que já apresentamos antes: quando seu inimigo estiver acuado, deixe-lhe uma saída. Essa é, pois, a hora de você oferecer essa oportunidade para o outro, sondando o que você poderia ganhar como contrapartida de abrir espaço para não o acuar contra uma limitação que ele não pode administrar. Nesses casos, o ganho da concessão pode ser muito maior do que as perdas do impasse.

96 Capítulo Três

Finalmente, há o verdadeiro impasse: sem possibilidade de acordo, tente ganhar tempo e use as armas de saída estratégica, já que não há o que negociar.

3.7.4.3 Quando o clima da negociação fica pesado

Ninguém vai para uma negociação para se aborrecer – vai para negociar. O clima se revela uma variável de alto poder catalisador – clima elevado tende a soluções em que todos ganham; clima pesado leva a situações de impasse incontornável.

O ideal, pois, é fazer com que, se o clima não ajudar, pelo menos não atrapalhe. O clima inicial pode dar a tônica do provável andamento. Cabe a você observar e tomar as decisões necessárias. Todavia, o clima de uma negociação tende a ter a história como condicionante. Você não deve se esquecer que existem pelo menos duas variáveis óbvias que não podem ser esquecidas: a relação que existe entre as instituições que estão negociando e a relação que possa existir entre os negociadores, fruto de negociações anteriores.

No seu planejamento, você precisa considerar que as relações entre os opositores podem ser, nos extremos, amistosas ou conturbadas. Mas, mesmo assim, existem dois fatos marcantes: se se trata da primeira reunião ou se é um prosseguimento de outras.

Nunca ignore o caráter típico da chamada primeira rodada de negociações. Lembre-se da sua própria história, de como foi a uma primeira rodada de negociações sobre alguma coisa, seja negociação para fundar um clube de colegas de rua, seja encontro com o gerente para pedir empréstimo, sejam mesas especiais com outros negociadores empresariais para decidir uma parceria entre duas organizações, sejam encontros emergenciais para acertar áreas de atrito operacionais ou qualquer outro tipo. Lembre-se de que, por mais que você tenha levantado perfis, tenha planejado todos os passos e alternativas, tenha tido o cuidado de levantar o dossiê pessoal de cada oponente, esse momento sempre foi muito particular – o chamado friozinho na barriga sempre esteve presente.

Tudo é muito natural e vai se repetir sempre, já que as pessoas não se conhecem realmente, no fundo desconfiam da intenção dos outros (lembre-se, todos são paranóicos) e, tendo algo a conseguir, sabem que, do lado de fora, existe um bando de outras pessoas preparadas para emitir julgamento de valor sobre o resultado das negociações – dos aplausos, simbolizando, no extremo, promoção e prestígio, aos apupos, simbolizando, também no extremo, descrédito e demissão. Logo, vocês estão no mesmo barco, e, se realmente o produto esperado é bom para os dois, seu naufrágio é ruim para os dois.

Eticamente, há que existir um clima de cooperação com competição – algo análogo à *coopetition* de Lipnack & Stamps (1994). Cabe a alguém quebrar o gelo, mas ainda mantendo um certo formalismo. Tome a iniciativa. Dirija-se ao oponente e apresente-se. Se estiver acompanhado, apresente sua equipe. Como você tem o dossiê dos outros, pergunte como foi a viagem, como estava o clima na partida; sem indiscrição, pergunte sobre algo relacionado à história do outro, como sua opinião sobre o último seminário a que compareceu, e assim sucessivamente, sem ser indiscreto ou inconveniente. Caso sua empresa seja a anfitriã e forneceu algum tipo de recurso como transporte, hospedagem etc., demonstre interesse em saber se está tudo certo ou se há alguma necessidade adicional a ser satisfeita, como necessidade de remarcar passagem, uma facilidade adicional não-prevista, um remédio para indisposição, enfim, algo que você não providenciara ainda.

IMPORTANTE: Você não está perguntando apenas para saber. Se do contato surgirem demandas, você tem que resolvê-las. Tenha sempre preparado alguém que, a um sinal seu, demonstre a eficiência da organização – um personagem administrativo esperto e com capacidade de resolução, ou que saiba quem pode resolver as demandas surgidas.

Se você estiver no comando de uma equipe, instrua seus componentes para atuarem da mesma maneira. Lembre-se de que pessoas em outras localidades, fora de sua base, sentem-se desconfortáveis e levemente ameaçadas. Fornecer o apoio nessas horas, se não garante o sucesso de uma negociação, pelo menos desanuvia o clima inicial e contribui positivamente quando os impasses se delineiam.

Imagine-se em uma reunião entre o sindicato dos trabalhadores e os patrões para resolver uma ação grevista. Parece diferente? Parece, mas não é. Se houver a quebra de gelo, claro que com as especificidades devidas, a situação é exatamente a mesma. Logo, proceda de modo a quebrar o gelo. Não é possível começar a negociação com cada negociador tendo a cara emburrada, com um papel escrito "impasse" pregado na testa. Como nem tudo são flores, algumas reuniões anteriores podem ter dei-

98 Capítulo Três

xado seqüelas. A quebra de gelo é difícil, mas não impossível. Os motivos da seqüela são apenas dados de um problema: "Como negociar, apesar das seqüelas?" Sua posição tem de ser extremamente calculada.

Existem pessoas que se altercaram, e, portanto, a presença delas só pode causar problemas. Há duas possibilidades: a desavença foi porque o elemento da sua equipe estava errado ou porque estava certo e não conseguiu se conter? É fundamental que você tenha certeza disso.

Se o erro foi de sua equipe, comece a negociação demonstrando altivez, reconheça o erro, proponha que se apaguem da cabeça os efeitos negativos da infeliz discussão e rapidamente parta para uma nova solução para ajustar os rumos de todo o processo.

Se o seu elemento da equipe estava certo mas levou a uma posição conturbada, sem nenhuma preocupação especial, não hesite: não o leve para a próxima reunião. Se alguém perguntar por ele, dê uma resposta evasiva convencional, mas, assim que puder, ratifique, sem aludir ao personagem, a posição por ele defendida. Tal comportamento demonstrará boa vontade para negociar ao não trazer o elemento para negociação seguinte, mas firmeza de propósitos e coerência no posicionamento, com resultados positivos.

Em suma, lembre-se de que quaisquer que sejam as observações negativas, você terá que se esforçar para manter a calma e a segurança, garantindo um clima de receptividade, sem a mais leve demonstração de temor.

Finalmente, tudo vai indo bem, mas, de repente, algo ocorre e o clima perde toda a sua leveza tornando-se extremamente pesado. Tente desviar a atenção para outro fato mais importante; se perceber que não dá, use o humor, procure ridicularizar a situação, mostrando que se perdeu o objetivo da negociação por um desvio comportamental. Não é recomendável utilizar o humor o tempo todo, mas uma seleção de fatos dotados de humor, uma espécie de farmácia de algibeira, pode ser muito útil e reorientar a negociação para seu foco.

3.7.4.4 A síndrome da derrota anunciada

Até agora tratamos de negociações em que você se percebe por cima da carne-seca. Mas, quando os sinais de derrota começam a surgir no horizonte das negociações, você precisa estar preparado para atuar com propriedade. Guarde no bolso uma mensagem: *"Transformar derrota em vitória é uma arte."* Só a use se a síndrome da derrota estiver implantada: desânimo geral, base argumental demolida, concessões ínfimas diante das necessidades, prisão em suas próprias armadilhas e horizonte com a palavra derrota piscando na sua cabeça, como se fosse uma reta de chegada. Tire-a do bolso, leia-a com atenção, respire fundo, retome o autocontrole e mande o desânimo para o inferno.

Feito isso, avalie o porquê da rejeição da sua base argumental e faça a si mesmo estas duas perguntas: se você tivesse tempo, conseguiria reorganizar sua base argumental? A sensação de perda está ocorrendo porque o assunto se concentrou perigosamente em um ponto fraco de defesa, mas você possui outros pontos fortes?

No primeiro caso, se o problema é tempo, lembre-se de que você tem tanta autoridade quanto o outro negociador e ninguém é obrigado a negociar quando não quer. Proponha a interrupção da reunião alegando que existem pontos que precisam ser mais bem aprofundados. Essa interrupção pode ser um *coffee break* na reunião, em que você pede meia hora e se junta com sua equipe para encontrar alternativas, ou pode ser mais longa. Nesse caso, proponha um adiamento, diga algo como: "Proponho parar por aqui e retomar semana que vem, para avaliar melhor a situação..."

Aproveite o tempo para renovar seu plano de negociação. Redefina concessões e objetivos e, se achar confortável, volte a negociar. Se não, reavalie a necessidade de negociar tendo em vista a impossibilidade de ganhar o que precisa. Não era o esperado, mas você não vai conceder nada em troca do que efetivamente não quer.

No segundo caso, se o foco está ruim para você, mude-o. Procure levar a negociação para os pontos nos quais você é forte. Conceda algo no espaço em que está perdendo em troca de levar a negociação para a região em que você acha que vai reverter o quadro. Durante um processo de negociação, algumas concessões se fazem necessárias e podem proporcionar resultados finais mais significativos. Exija com habilidade que haja reciprocidade. Trocar de forma ardilosa ratifica sua competência e mantém o bom clima de ganho para ambas as partes. Não deixe que percebam que você está visualizando um beco sem saída, e nunca use a exaustão como tática.

Utilize com habilidade as formas de conduzir o debate para seus objetivos, sem permitir que a exaustão se instaure na negociação. A exaus-

100 Capítulo Três

tão pode trazer efeitos perniciosos mais imediatos, como a irritabilidade dos negociadores mudando o clima de receptividade, o empobrecimento dos argumentos, a aceleração e o risco de ameaçar os objetivos finais e o surgimento de impasses.

Antes de prosseguir, convém ressaltar um elemento adicional que pode ser de utilidade nessas horas: o mediador.

Assim, no desenrolar da negociação, as fontes de consultas, previamente selecionadas, vão sendo, gradativamente, incorporadas aos trabalhos e dando suporte às decisões. Algumas informações serão fruto de rastreamento em provedores externos, obtidas por facilidades disponibilizadas no local da negociação. Entretanto, algumas vezes, os conhecimentos exigidos para atender a uma dada situação não estão contidos na competência dos negociadores, de suas assessorias, nem mesmo nas suas instituições. Aqui nasce uma nova e particular negociação, para superar o impasse. A solução passa pela admissão de um mediador. Caracteriza-se, desse modo, um personagem adicional, aceito pelas partes, que traz para a mesa os necessários esclarecimentos, durante o tempo desejado.

Enfim, relembre que, quando as coisas parecem ir por água abaixo, o importante é não perder a pose, recuperar o autocontrole, encontrar alternativas e, quando necessário, saber propor interrupções no tempo certo – o que pode representar fator de sucesso. Suspender a negociação por minutos, horas e mesmo dias pode ser fruto de uma avaliação estratégica de antecipação a um naufrágio, resultante da apreciação dos fatores geradores da exaustão e do próprio avançar da embarcação.

3.7.5 Preparando-se para Encerrar a Negociação

3.7.5.1 Aprenda a sintetizar

Uma das coisas que mais contribui para que as reuniões de negociação sejam detestáveis é a prolixidade. Além de impedir as demonstrações públicas de competência discursiva, muito comuns, o negociador deve ser capaz de identificar os pontos mais importantes, eliminar as adjetivações desnecessárias, separar o principal do acessório e expor sua conclusão de modo sucinto e claro.

Isso precisa ser feito permanentemente. Ou seja, não deixe a síntese para o momento final. Sempre que a negociação tiver demonstrado que um conjunto de aspectos foi convenientemente tratado, peça a palavra e sintetize. Demonstre objetividade ao fazê-lo, busque cooptar todos para o foco encontrado. Ouça com cuidado as argumentações contrárias, instigue o comentarista a incluir sua objeção na síntese, reajuste os elementos e suas relações e estabeleça a nova síntese. Obtenha o acordo do grupo, solicite a quem secretariar a reunião que anote a conclusão obtida e prossiga.

3.7.5.2 Aprenda a provocar a convergência

Como líder, uma das suas funções é, em um aparente mar de dispersões, identificar uma função coerente que faz com que as opiniões e pareceres tendam a convergir. Você precisa aprender a fazer isso. Em primeiro lugar, tenha na cabeça que, por mais preparada que tenha sido sua ação pré-negociação, nem todos fizeram o dever de casa; logo, a dispersão é natural por falta de uma chave de leitura, que você tem.

Lembre-se do *script*, do diagrama de expectativas, das suas hipóteses, das leituras referenciais etc. Use a chave como referência, induza os participantes a aderirem à pauta e, sempre que os desvios demonstrarem descolamento das referências, retome as referências e force o grupo a reorientar seus vetores; use as sínteses parciais como forma de reduzir a dispersão, faça interrupções estratégicas, como um *coffee-break*, por exemplo, para apaziguar ânimos, e aproveite esse intervalo para definir posicionamentos com alguns elementos. Saiba utilizar uma situação do cotidiano para atrair a atenção comum, crie um clima apto à convergência.

Retome a negociação, fazendo um resumo e mostrando onde há divergências; com habilidade, procure identificar os pontos passíveis de acordo, force a reorientação dos vetores, perceba os personagens que estão procurando convergir, dê espaço para que eles atuem, procure, depois, ir aparando as arestas, e, quando achar que o nível de convergência está aceitável, faça uma síntese provisória e deixe o tema para uma retomada posterior.

3.7.5.3 Aprenda a fechar a negociação

Tendo provocado a convergência de opiniões para um nível que você considera aceitável dentro de seu planejamento, ou percebendo que a reunião de negociação começou a rodar no vazio, por cansaço ou pela própria complexidade do tema, o certo é que o nível está caindo, ou, ainda, o que seria o ideal, porque se chegou a uma posição de alto nível de convergência, é hora de se fechar a negociação.

Não faça muito rodeio, até porque a maioria deve estar louca para ir embora. Mais uma vez demonstre objetividade. Se seguiu as recomendações, você tem o resultado sintetizado passo a passo, faltando somente a síntese final. Proceda do mesmo modo que agiu com as sínteses parciais.

Leia a síntese geral, formalize a ata de fechamento e estabeleça os desdobramentos, a saber: tarefas específicas a serem desenvolvidas pelos grupos, pauta básica da próxima negociação, se for o caso, contatos a serem efetivados e expectativas quanto ao futuro dos trabalhos.

3.7.5.4 Os registros finais

O registro final da negociação, memória ou ata, além dos itens que compõem a pauta de negociação, inclusive participantes, deve apresentar dois elementos adicionais: o sumário executivo com as conclusões e o andamento detalhado da negociação.

É importante não esquecer que a ata da negociação, no que diz respeito ao andamento, precisa ser exaustiva e registrar tudo o que foi falado, e por quem. Essa parte da memória, porém, por ser um registro cronológico dos fatos, nem sempre é um registro lógico. Em conseqüência, sua leitura tende a ser maçante e de difícil percepção dos resultados. Cabe, pois, aproveitando o esforço de síntese realizado em toda a reunião, preparar um resumo dos principais pontos debatidos e decisões tomadas, incluindo os desdobramentos esperados – um sumário executivo destinado a comunicar objetivamente os resultados da negociação.

3.7.6 Avaliando – Uma Rotina Obrigatória

Antes de abordar o tema específico da avaliação, achamos necessário retomar o aspecto de fechamento da negociação.

Assim, ao trabalhar os elementos de fechamento de uma negociação, seu oponente pode se sentir em desvantagem. Uma estratégia que, certamente, ele utilizará é fixar os resultados no curto prazo, buscando pensar melhores resultados para as decisões no longo prazo. Você deve estar atento para que isso não ocorra, mobilizando-se no sentido de condicionar os resultados da reunião para prazos mais longos.

Não raramente, determinados desdobramentos da negociação levam seu oponente a prolongar a decisão, não permitindo visibilidade para o fechamento desejado. Nessas circunstâncias, sem obrigar que o oponente violente seus valores, um posicionamento mais objetivo deve ser cobrado – pegar ou largar. As muitas outras variações possíveis vão se tornando objeto da vivência do negociador.

De qualquer modo, encerrando-se a negociação, surge a necessidade de formalizar as decisões tomadas.

Em tese, uma negociação deve estabelecer como produto final uma lista que identifique claramente:

- o que foi efetivamente negociado em termos de concessões – o que cada um decidiu oferecer ao outro como parte da barganha;
- os compromissos – o que cada um concordou em fazer com parte do acordo a que se chegou;
- os pontos que necessitam de novas rodadas de negociações – para aqueles itens em que o impasse acabou se estabelecendo;
- os desdobramentos esperados – atividades derivadas das negociações efetuadas que precisam ser implementadas, tais como contratos a serem assinados, encontros a serem realizados, atividades a serem desenvolvidas, facilidades a serem fornecidas, equipes comuns que precisam atuar, formas de relacionamento, responsabilidades etc.

Convém lembrar que um registro da negociação precisa ser efetivado. Nessa hora, se possível, assuma a incumbência do registro final. Tal posicionamento é recomendável para que não haja surpresas de última hora e para manter o controle sobre os desdobramentos. Se você se planejou corretamente, o registro final estará praticamente pronto ao final da rodada de negociações.

Terminada a negociação, é tempo de avaliá-la.

3.7.6.1 Avaliando o andamento da negociação

Em primeiro lugar, faça uma reunião formal com sua equipe. Se você planejou como recomendado, seria incoerente passar correndo pelo processo de avaliação. Claro que o tempo que será dedicado à avaliação é constitutivamente menor do que o que foi dedicado ao planejamento. O cuidado porém tem de ser o mesmo.

A reunião formal precisa ter alguém que a secretarie, registrando os pontos de interesse e uma agenda construída a partir dos pontos que necessitam ser avaliados. Assim, no mínimo, a agenda deverá conter, além dos dados sobre os participantes, o local e as descrições de praxe, alguns pontos obrigatórios que poderiam ser resumidos em resultados alcançados, pontos positivos, pontos negativos e recomendações. Exploremos o conteúdo da agenda de avaliação.

A abertura

A máxima "Quem não se sente parte da solução acaba fazendo parte do problema" precisa estar sempre presente nos trabalhos coletivos. Se se considerar que você representou um grupo na negociação, grupo esse que participou de cada etapa do processo prévio, e às vezes, dependendo do tipo de negociação, de algumas etapas importantes do processo, o grupo precisa se sentir parte da solução.

Comece, pois, a reunião de avaliação dando a palavra a todo aquele que quiser se manifestar com críticas e comentários sobre as rodadas de negociação. Use toda a sua habilidade em reuniões para fazer convergirem as idéias e obter posicionamentos articulados e conclusivos. Mande registrar na ata da reunião.

Feito isso, ainda que alguns pontos tenham sido já levantados livremente, organize as ações.

O desenvolvimento

A primeira avaliação que precisa ser formalmente efetuada refere-se aos resultados: o que se pretendia, o que se conseguiu e por quê.

Se tudo ocorreu como planejado, se todos os dados necessários estavam disponíveis e corretos, se as avaliações prévias do opositor de seus ganhos e perdas e de suas intenções estavam irretocáveis e se o resultado foi exatamente como o esperado, estamos diante do caso que um locutor da antiga TV Tupi assim se referiria: Só no cinema.

Claro que é impossível que tudo esteja como planejado. Se estiver, parabéns, e não há o que avaliar. Mas a realidade não é cinema, e certas coisas nunca serão iguais ao que se planejou em sua totalidade.

É fundamental que se identifiquem os desvios, as causas e as conseqüências: os objetivos foram alcançados? As concessões feitas foram coerentes? Conseguiu-se reciprocidade equivalente? O que não funcionou? O que faltou? Que surpresas surgiram durante a negociação e como foram tratadas? Qual a eficiência dos sistemas de apoio, principalmente o de simulação de resultados, se foi o caso? Qual o grau de consistência, coerência e completude das informações levantadas sobre fatos e personagens? O suporte dos temas técnicos foi adequado? Como foi o desempenho dos componentes da equipe?

A conclusão

Respondidos esses itens, é possível concluir se os procedimentos utilizados podem ser validados ou não. A partir daí, listam-se os pontos positivos e os negativos e elaboram-se recomendações sobre procedimentos de planejamento a serem adotados em futuras negociações.

Os desdobramentos daí decorrentes precisam ser fruto de um trabalho interno em que podem estar presentes aspectos como treinamento, implemento de novas facilidades, incorporação de especialistas à equipe, desenvolvimento de habilidades pessoais e outras atividades complementares.

Em resumo, apreciando-se os resultados, as concessões e as reciprocidades obtidos, pode-se estimar o ganho produzido pela ação do negociador. A forma pela qual os impasses foram discutidos e influenciaram os resultados finais sinaliza com relação à competência do negociador e de sua equipe e à qualidade do planejamento efetuado. O conjunto de informações obtidas deve se constituir em uma base de ampliação da competência coletiva da equipe para próximas negociações.

3.8 APERFEIÇOANDO UMA CULTURA DE NEGOCIAÇÃO

Quando levantamos o aspecto cultural, deixamos de mencionar intencionalmente as formas de aperfeiçoamento dessa cultura. Certamente, argumentará o leitor que relacionamos um processo de negociação com a geração de conhecimento que, implícita ou explicitamente, acaba se incorporando à cultura, adensando-a e provocando sua evolução.

106   Capítulo Três

Lembramos também que essa evolução é importante porque a sustentabilidade de uma cultura eficaz de negociação depende de sua evolução, sem a qual pode deixar de caracterizar diferenças competitivas para a organização.

Perceba-se que há uma sutil diferença entre uma cultura individual de negociação e uma cultura coletiva. No primeiro caso, a cultura desenvolve uma propensão individual a negociar; no segundo, cria-se um clima favorável ao desenvolvimento de negociações eficazes.

Obviamente ambas são dependentes, já que a cultura individual depende do clima para se manifestar com propriedade; e, por outro lado, como o coletivo depende de cada indivíduo, a segunda, a cultura coletiva, só existe em decorrência das culturas individuais.

Não obstante o uso indiscriminado dos termos culturas organizacional, empresarial e corporativa, é importante entender do que falamos quando nos referimos a uma cultura de negociação.

Para isso, tomemos os ensinamentos de Barbosa (2002), que precisa claramente que cultura organizacional deve ser entendida como:

> "Um conjunto de pressupostos básicos que um grupo inventou, descobriu ou desenvolveu ao aprender como lidar com problemas de adaptação externa e integração interna e que funcionaram bem o suficiente para serem considerados válidos e ensinados a novos membros como forma correta de perceber, pensar e sentir em relação a esses problemas."

Já cultura corporativa infere-se que seria um conjunto de pressupostos de um grupo que possui entre os seus membros as mesmas crenças e as mesmas profissões, sujeitos às mesmas regras e aos mesmos estatutos.[5]

Como se observa, no processo que desenvolvemos, caracterizado pela pirâmide de negociação, uma cultura de negociação encontra terreno firme para se apoiar em ambas as definições.

Assim, em tese, a gênese e o aperfeiçoamento da cultura possuem forte aderência aos preceitos de uma cultura organizacional, na medida em que surgem como fruto de uma aprendizagem obtida na solução de problemas concretos utilizando mecanismos que funcionam e que, portanto, precisam ser ensinados aos novos membros.

---

[5]Inferência nossa a partir das considerações de Livia Barbosa sobre organizações e corporações, em *Culturas e Empresas*, p. 18 a 30, citado na Bibliografia.

Adicionalmente, caracteriza-se como um perfil típico da empresa, por representar um vetor específico da organização, possuir analogia significativa com um perfil profissional – o negociador – e ser sujeita a metodologias bem-definidas (regras e, de certo modo, estatutos). Adicionalmente, seu componente ético é representado pelo compartilhamento de crenças.

Como se vê, a cultura de negociação possui dois componentes, um organizacional e outro corporativo.

Um trabalho coerente de aperfeiçoamento de uma cultura de negociação precisa, portanto, levar em conta esses dois componentes e trabalhá-los nas mais diversas situações.

O que abordaremos daqui para diante é genérico o suficiente para ser devidamente adaptado às condições de qualquer organização, apesar de ser mais facilmente realizável em negociações de porte, principalmente aquelas ligadas a vendas de bens e serviços em escala nacional.

O leitor pode questionar, com razão, por que a palavra internacional não foi usada. Claro que pode ser usada, mas o componente cultural de cada país, seus hábitos, suas crenças, seus valores e suas atitudes são muito específicos, podendo dificultar a transposição pura do modelo e exigir uma adequação cultural prévia. Tomado esse cuidado, o resto vale.

São, portanto, a nosso ver, os seguintes os processos associados ao desenvolvimento e aperfeiçoamento de uma cultura de negociação.

- **Exercício de negociação.** Certamente esse é o componente mais forte, preliminarmente, porque atua no processo direto de uso da cultura. O ensaio e erro é o processo que realimenta a cultura, já que o sucesso de uma negociação a reforça e o insucesso abala as convicções. Criar processos formais de avaliação é uma condição objetiva de aperfeiçoamento.
- **Treinamento.** Essa atividade visa adensar os componentes metodológicos tanto da negociação como da análise de problema e tomada de decisões. Trata-se de uma forma de disseminar conhecimento coletivo e reforçar alguns aspectos da cultura organizacional sobre o tema.
- **Intercâmbio.** Muito aplicável em instituições espalhadas geograficamente. Trata-se de um componente adicional do processo de re-

108 Capítulo Três

alimentação da cultura e antídoto para diversidades que possam afetar a unidade da organização. Por outro lado, por atuar em tipicidades espalhadas espacialmente, pode trazer componentes de aperfeiçoamento da cultura não-visualizáveis pelos filtros culturais normais de outras regiões, o que colabora para o aperfeiçoamento global da cultura.

- **Forças-tarefa.** Essa atividade possui dois efeitos possíveis: um operacional, pela organização de grupos de trabalho para negociações complexas compostos pela seleção de indivíduos com diferenças competitivas marcantes; e um eminentemente inter-relacional, por reduzir as possibilidades de gerar grupos de confronto internos, o que se consegue pela mistura de seus componentes.

Não obstante podermos descobrir componentes corporativos nessas atividades, elas são fortemente orientadas para os aspectos organizacionais da cultura de negociação. As que serão apresentadas agora seguem o modelo inverso, dirigem-se mais aos aspectos corporativos.

- **Fóruns e convenções.** Ambientes em que os diversos elementos da equipe de negociação se encontram para trocar experiências entre si, mas que são mais utilizados para reforçar o espírito de corpo e os aspectos da unidade de ação coletiva.
- **Redes de informação.** O uso dos recursos da tecnologia da informação e da comunicação permite que fóruns virtuais, grupos de estudo à distância e esquemas de treinamento sejam realizados de modo a aperfeiçoar procedimentos, equalizar conhecimentos e manter esquemas de utilização de fontes de diferenças competitivas de modo descentralizado.
- **Elementos simbólicos.** Uso de marcas, ícones, *banners* etc., de modo a caracterizar seu portador como um componente de um grupo especial que se caracteriza pela competência de negociar eficazmente.
- **Esquemas de premiação.** Formas de premiar os esforços individuais em prol da coletividade, destacando de forma clara para todos a importância das conquistas da instituição. Importante cuidar para que as oportunidades de premiação sejam idênticas para todos os negociadores, ou o tiro pode sair pela culatra.

Completa-se assim a última etapa da metodologia. Vamos procurar fixar algumas idéias.

CAPÍTULO 4

Casos de Fixação

4.1 O CASO DA CONSTRUÇÃO DE UM SUJEITO COLETIVO

Tratava-se de uma negociação de suma importância. Discutia-se o futuro do planejamento estratégico da organização. A empresa, célebre por sua metodologia de planejamento, percebera que o modelo tradicional linear precisava ser substituído por uma estrutura que incorporasse as possibilidades de ruptura, ou seja, que o amanhã pudesse ser pensado diferente, e não apenas como uma continuidade do hoje.

Dados a novidade do tema e, por que não dizer, o seu caráter apaixonante, compareceram à reunião todas as personalidades convidadas, desde o mais alto executivo ao técnico encarregado das rotinas de planejamento.

Em face da motivação intrínseca ao tema, a reunião contrastava com as habituais; havia grande participação, ninguém tinha um compromisso inadiável que o fizesse se retirar mais cedo da reunião, e a pauta era seguida sem desvios ou divagações.

As apresentações pecavam às vezes pelo excesso de detalhes, o que se revelava incoerente, dada a amplitude da temática, e muitas vezes pelas dissertações dos que solicitavam apartes, que aproveitavam o en-

110   Capítulo Quatro

sejo para demonstrar cultura e erudição. Todavia, um líder excepcional conduzia a negociação. Percebia-se que havia planejado com cuidado a pauta e que nenhuma das pessoas convidadas estava ali para fazer número ou para contestar uma decisão já tomada. Assim, a liderança, com habilidade, interrompia os prolixos, reorientava o discurso, exigia objetividade das falas e promovia a tessitura de uma rede conceitual sobre o tema que alargava os horizontes dos que dela participavam.

Todavia, pairava no ar, permanentemente, um confronto ideológico entre os imediatistas e os futuristas. Os primeiros sistematicamente procuravam trazer para a metodologia a administração da emergência, a necessidade permanente de apagar incêndios e o perigo de se tirar o olho da bola; os outros apregoavam que a emergência era 90% causada por mau planejamento, que apagar incêndios nada mais era que uma conseqüência natural dessa atitude e, finalmente, que a bola estava espaço-temporalmente bem à frente do que os primeiros viam e, portanto, estavam mantendo o olho na bola.

Apesar de todo o planejamento da pauta, da escolha criteriosa dos participantes, da habilidade em podar os excessos e da mão firme na busca da objetividade, parecia que se chegara a um impasse.

Lembrando que um dos objetivos principais de uma reunião é a constituição de um sujeito coletivo, um dos participantes via correr por água abaixo aquela expectativa, pois, claramente, estavam se consolidando dois grupos de opinião, base da constituição de dois subconjuntos de pessoas que passariam a se confrontar diuturnamente no trato do planejamento da empresa.

A situação chegou a tal ponto que o representante da área operacional afirmava que não permitiria de modo algum que suas atividades fossem perturbadas por pensamentos estratosféricos sobre cenários especulativos, já que ele sabia muito bem que o que interessava era dinheiro em caixa, e isso era para hoje e amanhã cedo, e não para o futuro hipotético, cheio de galinhas de ovos de ouro.

Por outro lado, o homem do planejamento estratégico quase socava a mesa para afirmar que fora por pensar assim que o sujeito que fabricava saquinho de pano para acondicionar sal rejeitou a hipótese da embalagem de plástico e faliu fragorosamente.

O participante preocupado deteve-se por um momento a observar a liderança, e ela lhe pareceu desconcertada. Percebeu que à sua frente, um pouco encoberto por suas mãos, tinha um diagrama composto por um círculo central em que estavam escritas duas palavras: novo planejamento; esse círculo por sua vez remetia a quatro outros círculos. Percebeu que um círculo representava o pensamento dos planejadores por fluxo de caixa e uma palavra resumia suas expectativas: segurança; outro representava o outro grupo, e a palavra era oportunidade. Infelizmente não deu para ver os nomes dos outros dois círculos nem suas palavras-chave. O líder construíra previamente um diagrama de expectativas dos participantes da negociação, mas não conseguia utilizá-lo em face do radicalismo das partes.

Deu mais um tempo para verificar como as coisas se acomodavam e pediu a palavra.

— Acredito que estamos chegando a um posicionamento radical que merece ser revisto. Em primeiro lugar – disse, dirigindo-se ao homem que pautava suas ações sobre a continuidade –, entendo que sua preocupação é justa no que diz respeito a assegurar o fluxo de recursos financeiros para a empresa. Mas e o senhor – dirigiu-se ao indivíduo à sua esquerda (o da ruptura) – é contra isso? Obtendo um "obviamente que não" como resposta, prosseguiu:

— E o senhor, apesar de conviver com emergências, porventura não acha razoável que tenhamos a oportunidade de nos antecipar aos problemas de modo até a minimizar os esforços emergenciais que hoje são rotineiros em suas atividades?

— Claro que sim – retrucou o outro personagem.

— Ora, se o senhor está de acordo em incorporar uma dose saudável de antecipação aos trabalhos e ele concorda que é inadmissível que se ignorem os problemas que afligem o dia-a-dia da empresa, onde é que não concordamos? Será que a solução não está em algum lugar no meio hipotético dessa discussão?

Todos concordaram. Aproveitando a deixa, ele continuou:

— Quais as pessoas mais indicadas para compor um grupo capaz de dotar nosso planejamento de praticidade no dia-a-dia sem perder de vista horizontes mais amplos, e que consigam conciliar segurança com oportunidade do que vocês dois? Aceitam o convite?

— Claro – responderam os dois, sem pestanejar. Percebendo que o impasse fora contornado, o líder retomou o comando.

112 Capítulo Quatro

— Já que estamos de acordo, vejamos agora alguns aspectos jurídicos, tendo em vista as unidades independentes. O doutor Pinheiro fez um estudo...

O que parecia convergir para um cisalhamento transformara-se em uma proposta coletiva para superar dificuldades. Muitos outros problemas surgiram, é verdade, mas, com a utilização de uma técnica fundamentada de preparo e condução de reunião e um *insight* na hora certa, construíra-se um sujeito coletivo, preservando-se as expectativas individuais de seus componentes, engajado no encontro de soluções e consciente do papel a desempenhar para o futuro da organização.

4.2 O CASO DE UMA NEGOCIAÇÃO QUASE PERDIDA

A globalização tem trazido para o gestor novos desafios nos ambientes além das fronteiras.

É exatamente uma situação dessa natureza que embaraçava o gerente de projetos internacionais de importante multinacional.

Sentado na poltrona do avião que o levava para a capital do país, para um encontro do qual dependia um contrato de fornecimento de equipamento e prestação de serviços, durante as horas que o separavam do destino, o negociador rememorava a situação e as informações obtidas e imaginava os procedimentos a adotar.

Tudo havia começado quando a divisão de licitações da empresa detectara a oportunidade de apresentar proposta para uma concorrência internacional de fornecimento de equipamentos e sistemas de telecomunicações para um país africano.

Utilizando sua rede de informações, a empresa rapidamente montou uma estrutura virtual, composta por quatro empresas com atividades complementares, e apresentou uma proposta bastante atraente. Ganhou a concorrência.

Tudo andava às mil maravilhas quando uma corrente política de oposição assumiu o poder na pequena nação.

O inevitável confronto entre os dois grupos políticos afetou compromissos anteriormente firmados, entre eles o contrato entre a empresa e o órgão responsável no país.

Ainda que a parte de fornecimento dos equipamentos e sistemas tendesse a ser mantida, havia uma dificuldade concentrada na parte de operação dos sistemas instalados.

A obtenção de vistos de trabalho ainda que temporários para a pequena nação africana estava se tornando problemática. A simples entrega de equipamentos e sistemas era uma impossibilidade, pela inexistência de mão-de-obra local qualificada.

Chamado para encontrar uma solução, a primeira coisa que o negociador procurou identificar foi qual o objetivo da empresa. Este era bem claro: fornecer os sistemas operacionais. Estava descartada a hipótese de simples fornecimento. Havia interesse de demonstrar ao mercado a capacidade de fornecer sistemas que realmente funcionassem.

Utilizando o sistema de busca e captura de informações, o negociador identificara que o cancelamento do contrato, apesar de não estar sendo buscado pelos novos dirigentes do país, seria aceito. Havia a possibilidade de fornecedores mais comprometidos com o grupo dominante – o blefe portanto era algo não-utilizável.

Pesquisando a capacidade técnica local, ele descobriu que suas escolas técnicas eram precárias e com baixo conhecimento em sistemas de comunicações.

Quanto ao próprio pessoal da organização, a mudança do poder local e as expectativas de uma estada muito longa no exterior não eram atraentes, apesar dos benefícios financeiros prometidos.

Chegando ao local, o negociador precisaria ainda identificar com mais cuidado os detalhes da personalidade de interlocutor, observar cuidadosamente seus movimentos, sua variação de humor perante o andamento das negociações e sua percepção da vantagem que estaria tirando do confronto.

Foi rememorando, permanentemente, esses pontos que chegou ao pequeno aeroporto local. Ali, foi recebido pelo seu elemento de relações públicas, que chegara antecipadamente para preparar o local da negociação.

A idéia era levar a negociação para um ambiente neutro. Haviam escolhido um hotel cinco-estrelas, onde, após um almoço fornecido pela organização, haveria um escritório especialmente preparado para o momento.

O ambiente fora projetado para dar à anfitriã:

114 **Capítulo Quatro**

- conforto, com uma excelente mesa de reunião, cadeiras estofadas reclináveis e giratórias e um sofá acolchoado para algum momento de lazer, além de um bar escamoteado para possíveis drinques;
- tranqüilidade, com a escolha de cores psicologicamente relaxantes; e, finalmente,
- impacto tecnológico, com o uso de micros com aplicativos altamente amigáveis, sistemas de projeção e facilidades de reprografia e recursos de comunicação com imagem.

Tudo corria como planejado quando o dirigente local disse, pesaroso:

— Estou muito impressionado quanto à qualidade e competência de sua empresa, mas existem determinações políticas claras contra qualquer forma de contrato que restrinja o emprego de nossa gente.

Foi exatamente sobre essa aparente afirmação devastadora que o negociador construíra o elo que faltava para atingir seu objetivo na mesa de negociação.

— O senhor concorda que a qualificação de sua gente para operar imediatamente os sistemas é baixa?

— Sim – retrucou o dirigente.

— Logo, o senhor também concorda que, quem quer que seja o fornecedor, terá o mesmo problema?

— Obviamente.

— Em conseqüência, nosso problema está em como resolver o período que vai do momento da instalação até seu pessoal estar qualificado para assumir a operação por si só?

— Parece-me que sim – concordou o dirigente.

Tendo obtido o "sim" de que precisava, ele uniu o útil ao agradável: negociou um período de operação provisório de dois anos no qual sua empresa realizaria três atividades:

1. Operação dos sistemas.
2. Treinamento de mão-de-obra qualificada.
3. Qualificação das escolas técnicas locais.

Com isso, obtivera um resultado excelente para ambas as partes:

- manteve o contrato, com os ganhos desejados;
- criou um mercado local de emprego para dali a dois anos;

- construiu uma ponte para a sua organização atuar na região para fornecimento futuro de sistemas a outros países, pela maneira com que se adequou aos interesses locais e pela potencialidade da qualificação da mão-de-obra no entorno;
- Proporcionou ao outro a possibilidade de um salto qualitativo diante de seus pares.

Em resumo, a negociação em pauta ilustrou de modo sintético os passos recomendados. Destaquemos todavia uma conclusão. Como se observou, o planejamento, aliado à habilidade de negociação demonstrada pelo personagem da história, encontrou veios que puderam levar o que parecia ser um impasse a uma linha de negociação em que todos ganharam, sem que para isso tivessem de ser feitas concessões fundamentais.

• CAPÍTULO 5 •

O Desafio

Nesta parte, o leitor deve procurar usar as questões apresentadas para perceber como as diversas orientações dos respectivos capítulos poderiam explicar ou definir comportamentos em possíveis situações de negociação.

Nós o desafiaremos de três modos: dois a partir dos modelos fechados representados pelos casos 1 e 2 da parte anterior e um a partir de uma visão aberta sobre um fato, do qual pediremos que você imagine as diversas etapas de uma negociação.

5.1 O DESAFIO DO CASO NÚMERO 1 – UMA QUESTÃO DE CONVERGÊNCIA

Proponho ao leitor que considere o primeiro caso, o de determinação do sujeito, e reflita sobre a seguinte questão:

Claramente, o conflito que pairava na negociação para definição de uma unidade de ação caracterizava-se por uma posição maniqueísta: havia uma posição radical diante do aspecto tempo que poderia ser caracterizada pelo confronto entre ruptura *versus* continuidade. Um grupo pensava o imediatismo, importante é claro, mas reagia contra a possibilidade de que as coisas pudessem mudar. O outro pensava de forma diametralmente oposta. Perceba que há um modelo de tomada de decisão que se recusa a aceitar o caráter de oposição das partes e induz sua convergência.

Pare para pensar. Identifique quantas vezes em seu ambiente de trabalho você se defrontou com uma situação dessas. Procure extrair do caso um princípio de atuação.

Selecione um caso e faça um esforço para representar um caso já vivido de maneira análoga ao caso descrito. Feito isso, proceda da seguinte maneira:

1. Identifique quais os quatro principais elementos envolvidos na questão.
2. Explicite, dentro do roteiro de construção de um diagrama de expectativas, suas intenções (expectativas) na reunião.
3. Trace um diagrama de expectativas.
4. Identifique, a partir do quadro colocado, quais as políticas que você utilizaria para fazer convergirem as colocações prováveis de cada personagem.
5. Conclua, construindo um discurso sobre o tema.

Lembre-se de que a complexidade agora será maior. Você precisa dar coerência discursiva a quatro expectativas, o que significa que cada personagem deve sempre ser avaliado em relação aos outros três, tendo o tema da discussão como referência.

5.2 O DESAFIO DO CASO NÚMERO 2 – UMA QUESTÃO DE CRIATIVIDADE

O leitor deve ter percebido que o segundo caso tem situações desesperadoras que aparentemente levam a um impasse.

Baseado em fatos reais e devidamente adaptado ao contexto didático, nesse caso específico houve um excelente planejamento prévio capaz de descobrir uma alternativa inédita e singular.

Reveja o caso e identifique alguns pontos a partir das seguintes questões:

1. A relação do caso com as recomendações constantes das discussões sobre ir além dos limites do problema.

2. De novo, tente construir um diagrama de expectativas, colocando-se na posição do negociador, e perceba os caminhos possíveis de ser trilhados.

3. A partir do diagrama, infira o que você determinaria como ações recomendáveis e não-recomendáveis.

4. Reveja os resultados alcançados.

5. Busque em seus bancos de memória se existem casos vivenciados similares ao apresentado.

6. Refaça a análise do caso selecionado, a partir do modelo utilizado.

7. Analise e critique os resultados alcançados.

8. Reveja seus posicionamentos.

5.3 UM DESAFIO ABERTO – USANDO O MODELO

Os dois desafios anteriores visaram, tão-somente, a esquentar as turbinas com um processo de análise crítica de uma solução relatada e a transferência do modelo utilizado para questões de seu dia-a-dia.

O desafio agora é aberto; portanto, cabe a você organizá-lo. Para isso, são necessários dois passos preliminares: a escolha do problema que precisa ser negociado e um esforço de organizar seu preparo para a negociação, a partir do modelo colocado.

Comece, pois, a selecionar o tema que precisa ser negociado. Lembre-se de que, para que isso seja feito, você precisa identificar qual o fato que provocou a necessidade de negociar e ter certeza de que está preparado para tal.

Fase 1 – Organize seu plano pessoal de desenvolvimento de sua capacidade de negociar

Tenha sempre em mente a pirâmide de negociação. Ela lhe trará as referências de cada passo a seguir. Considerando que o seu objetivo pessoal precisa ser o de desenvolver uma cultura de negociação eficaz, responda as seguintes questões:

1. Como está sua cultura de negociação atual? Faltam-lhe conhecimentos? No caso de não faltarem conhecimentos, falta o uso prático desses conhecimentos? Você tem se esforçado para a avaliar e, por-

120   Capítulo Cinco

tanto, aprender com as negociações? Feita essa análise, defina seus objetivos mais detalhadamente. Programe-se.

2. Focalize agora sua cultura de resolução de problemas. Procure perceber o grau de distorção de sua maneira pessoal de abordar os problemas e, portanto, o quanto você gera mais de problema do que de solução. Organize-se.

3. Perceba como está sua forma de se relacionar com os outros. Você tende a ser rejeitado pelos grupos, ou, ao contrário, possui um certo carisma que o incorpora a qualquer grupo com facilidade? Na prática, você não deve estar nos extremos. Há sempre uma dose de empatia e uma dose de rejeição. Integre-se.

4. Como está sua forma de capturar informações? Há uma sistematização ou ela é aleatória? Há porém um ponto mais grave. Quando aleatória, você a guarda para futuras consultas de modo organizado. Sistematize-se.

5. Como está sua competência em negociar? Em outras palavras, seu conhecimento é apoiado por habilidades para poder aplicá-los e suas atitudes estão coerentes com os outros dois? Sendo assim, qual a forma que você usa para medir seu desempenho? Parametrize-se.

6. Como você se prepara para a negociação? Você consegue organizar os passos a serem seguidos, de modo a fazer a convergência entre sua competência e os recursos, de modo a orientá-los para o processo de negociação? Articule-se.

7. Como você avalia e aprende com uma negociação propriamente dita? Você tende a ver os resultados e avaliar os desvios? Você aprende com seus erros e com suas virtudes? Aperfeiçoe-se.

Fase 2 – Aplicação

Organizado o seu plano de desenvolvimento de uma cultura de negociação, lembre-se de que é necessário exercitar-se. Prepare-se para isso.

Escolha um problema que merece sua atenção e realize as seguintes ações.

1. Identifique o centro do problema, por que ele ocorreu e sua relação conectiva com outras situações. Por exemplo, se você escolheu negociar oportunidades de evolução no trabalho, identifique a relação

de sua meta com outros elementos de sua relação individual e da negociação.

2. Construa um relacionamento estruturado do problema com outras atividades e elementos que compõem o todo da situação que você está tentando negociar. Lembre-se das expectativas das pessoas.

3. Organize o sujeito coletivo que vai dar suporte à sua negociação. Busque complementar seus conhecimentos e habilidades de modo a que coletivamente o poder de negociação aumente.

4. Busque informações complementares sobre o problema, sobre os seus potenciais opositores e sobre as conseqüências da negociação proposta, e atualize-se com relação ao tema.

5. Reajuste-se de modo a superar bloqueios e neutralizar potenciais falhas individuais na hora de negociar.

6. Procure negociar com cuidado para não inviabilizar soluções futuras. Lembre-se de que você está ensaiando um novo modelo.

7. Avalie os resultados e aprenda. Retome o processo do início e registre um novo plano de ação individual.

CAPÍTULO 6

Considerações Finais – 40 Aspectos que Você Não Pode Esquecer

Chegamos ao final do livro. Vale a pena, a nosso ver, dada a complexidade do tema, ressaltar o que esperamos que, de tudo que foi falado, seja fixado para aplicações posteriores.

O que você verá daqui para a frente é uma seleção dos pontos mais importantes de cada capítulo. Claro que se os demais pontos não fossem importantes não teríamos escrito todas estas linhas. Na realidade, como um bom desenhista de traços, vamos ressaltar os elementos marcantes, de modo a que você reconheça o livro, mas perceba que lhe falta o recheio.

Vemos este capítulo como um elemento de auto-avaliação. Caso o ponto ressaltado não tenha ficado claro, sugerimos que você releia o capítulo e se certifique de que entendeu a colocação.

6.1 PRIMEIRAS PROVOCAÇÕES

Como aspectos provocativos iniciais, gostaríamos que você fixasse os conceitos destacados a seguir:

1. O contexto de alta competição, complexidade e de eterno conflito existencial e funcional provoca a necessidade de negociar.

Capítulo Seis

2. A negociação sempre está presente na vida do ser humano, desde o momento em que se abre os olhos para o mundo.

3. Negocia-se o choro por mamadeira, resultados por prêmios e assim sucessivamente, até o ponto da negociação maior: a própria sobrevivência.

4. A negociação é algo profundo que exige muito preparo, que remete à antecipação.

5. Na realidade, o cenário das negociações é bastante agressivo, com jogos de cena e de palavras, blefes e toda a sorte de artimanhas. Nunca vá a uma negociação de peito aberto e despreparado.

6. O negociador bem-preparado possui a capacidade de responder de modo intuitivo aos desafios de uma negociação, por mais inesperados que sejam.

6.2 REPENSANDO A SUA CULTURA DE NEGOCIADOR

7. A cultura pode ser entendida como uma estrutura de valores, crenças e conhecimentos que habitam o inconsciente das pessoas e que condicionam seus comportamentos, hábitos e atitudes.

8. Possuir uma cultura de negociação exige pelo menos absorção de conhecimentos específicos, uso prático do conhecimento e processo de realimentação que provoca sua evolução.

9. Além da cultura de negociação propriamente dita, são os seguintes os elementos adicionais que compõem uma cultura de negociação:

- A cultura orientada para o problema, que exige intenção; expandir seu instrumental de análise, modelos interpretativos fortes.

- A cultura de inter-relacionamento, que se revela como um instrumento eficaz na formação de um sujeito coletivo.

- A cultura informacional, que consegue identificar estruturas invariantes, articular posicionamentos e explorar analogias em campos de conhecimento diferentes.

- A cultura de autodesenvolvimento, que parte do conhecimento para se manifestar sob a forma de habilidades, atitudes e desempenho.

- A cultura de planejamento, que opera dialeticamente, articula a percepção do objetivo, com a mobilização de recursos e a monitoração da execução.

- A cultura metodológica, que otimiza o processo de negociação ao eliminar passos já testados por outros negociadores.
- A cultura de resultados, que possui três vertentes que se complementam:
  - uma comparativa, que avalia os resultados alcançados diante dos projetados;
  - uma corretiva, que ajusta parâmetros para que os desvios detectados sejam corrigidos; e
  - uma evolutiva, que procura extrair da relação entre o planejado e o executado os conhecimentos necessários para adensar a cultura de negociação da organização.

6.3 REPENSANDO A METODOLOGIA

10. A pirâmide de negociação é a referência estrutural da metodologia.

11. A identificação do problema passa pelas questões: Que objeto estamos enfocando? Qual nossa intenção nessa relação? O que esse objeto pode vir a ser? Qual a possibilidade de transformar no tempo o objeto enfocado?

12. Um problema deve ser entendido como um elemento de uma rede de relações em cadeia e sistêmicas que precisa ser avaliado em toda a sua extensão.

13. O uso do diagrama de expectativas, além de garantir maior objetividade ao tratamento de um tema, possibilita a construção de argumentos para intervenções, quando surgem digressões impróprias.

14. Por meio de reuniões bem-conduzidas, a complexidade de uma solução pode ser diminuída pela multidisciplinaridade dos participantes e pelas vivências diversificadas.

15. As reuniões podem agilizar soluções com diminuição dos riscos.

16. As reuniões, além das negociais, servem para atender a, pelo menos, cinco intenções básicas:
    - obter informações;
    - construir uma opinião coletiva;
    - ajustar tempos, movimentos e recursos;
    - atenuar conflitos; e
    - motivar pessoas.

126 Capítulo Seis

17. Interpretar é uma arte que exige técnica e atitudes. O encontro da informação relevante exige:
    - fontes confiáveis;
    - capacidade de seleção;
    - capacidade lógico-dedutiva;
    - capacidade de discriminação; e
    - capacidade interpretativa.

18. Os saberes necessários para o desenvolvimento de uma competência exigem um conjunto relativamente grande de conhecimentos que passam, no mínimo, por:
    - uma estratégia analítica para identificar os problemas e suas conseqüências;
    - uma estratégia informacional para selecionar a informação relevante; e
    - conhecimento do inter-relacionamento pessoal para construir um sujeito coletivo.

19. Para se destacar, procure:
    - identificar claramente sua vantagem competitiva;
    - avaliar a sustentabilidade dessa vantagem; e
    - avaliar por quanto tempo é possível sustentar essa vantagem em face de possíveis mudanças estruturais e conjunturais.

20. Uma equipe ideal deve ter, além de você, os especialistas temático e um secretário geral.

21. Seu *script* deve conter no mínimo:
    - identificação das ameaças e das oportunidades;
    - as necessidades de informações de apoio;
    - uma estratégia de mobilização;
    - a lista de seu apoio operacional; e
    - os cuidados que você deve ter com sua imagem.

22. Defina um modelo próprio de atuação adequado ao seu perfil.

23. A negociação propriamente dita é um teste de sua capacidade de resposta em tempo real.

24. Você será desafiado em todas as dimensões de sua cultura. Ainda que você tenha se preparado obsessivamente, tudo aquilo que você

fez em tempo confortável e, muitas vezes, de modo simulado agora precisa ser realizado de novo, só que em tempo real.

25. Prepare-se para:
    - repensar o problema;
    - identificar suas conseqüências;
    - verificar a correção de suas informações;
    - inter-relacionar-se com habilidade; e
    - rever seu *script*.

26. Quando o oponente se revelar temível e poderoso, atue com humildade e aguarde seus movimentos.

27. Quando oponente se revelar orgulhoso e arrogante, procure ganhar por etapas.

28. Quando o oponente se revelar inflexível ao extremo, seduza-o.

29. Quando o oponente se revelar ganancioso e desconfiado, ganhe sua confiança.

30. Quando o oponente se revelar lento e dócil, envolva-o.

31. Um acordo pode ocorrer em uma das seguintes situações:
    - Por recuo de uma das partes – que pode caracterizar um jogo de soma negativa;
    - Por acerto de fronteiras – que pode caracterizar um jogo de soma nula; e
    - Por uma composição de forças – que pode caracterizar um jogo de soma positiva.

32. Os elementos básicos para os quais você deve estar preparado, tendo em vista seus objetivos, são: nível de resistência, margem de manobra e alternativas preparadas.

33. Sua ferramenta básica durante a negociação propriamente dita é a atenção difusa.

34. Você precisa estar atento ao que se espera de cada momento do processo.

35. Os momentos são:
    - as preliminares, em que se busca descobrir, organizar e articular as informações, além de estabelecer relações informais com os demais participantes;
    - o início, que é o momento de sondagem;
    - o meio, que é a fase da negociação propriamente dita;

128 Capítulo Seis

- o fim, que é o momento do fechamento; e
- o desdobramento, no qual o negociador eficaz acompanha as fases de implantação das soluções e zela para que todos os compromissos acordados sejam honrados.

36. A credibilidade do negociador é função de:
- compromisso com o que foi negociado;
- criatividade;
- estabilidade emocional;
- capacidade de aprender; e
- engajamento.

37. Procure, para fechar a negociação, desenvolver suas habilidades em sintetizar e provocar a convergência das idéias.

38. Ao formalizar o final da negociação, procure identificar claramente:
- o que foi efetivamente negociado;
- os compromissos;
- os pontos que necessitam de novas rodadas de negociações; e
- os desdobramentos esperados.

39. A cultura de negociação possui dois componentes, um organizacional e outro corporativo.

40. Para aperfeiçoar uma cultura de negociação da instituição, lance mão de:
- exercícios de negociação;
- treinamento;
- intercâmbio;
- forças-tarefa;
- fóruns e convenções;
- redes de informação;
- elementos simbólicos;
- esquemas de premiação.

6.4 RECOMENDAÇÕES FINAIS

Aqui encerramos nossas anotações. Lembre-se de que a lista apresentada na seção anterior é uma síntese e não o desobriga de ler os capítulos na íntegra. Principalmente se você prestou atenção à quantidade de recomendações que constam do capítulo que explora a metodologia, existem muito mais de 40 pontos a serem absorvidos.

O que fizemos foi apresentar aqueles pontos que não podem deixar de ser lembrados.

O objetivo, todavia, foi mais provocá-lo a retornar ao texto para identificar quais as recomendações que em sua opinião deveriam constar desta lista final.

Tenha sempre em mente a figura da pirâmide de negociação. Ela é um excelente método mnemônico para refrescar sua memória, quando você estiver se defrontando com um adversário em uma mesa de negociação.

Acreditamos ter passado para você um conjunto de elementos com as seguintes características:

- original pela articulação;
- consistente pela fundamentação e pela experiência prática;
- funcional por servir de referência a um sem-número de situações de alta complexidade; e
- fornecedor de vantagens competitivas pela visão totalizante que oferece ao leitor.

Esperamos que estejamos lançando as bases para o desenvolvimento de uma sólida cultura no campo da negociação.

Para encerrar, uma reflexão final: "A cultura não é um substituto para a vida, mas a chave para ela." (Mallock)

Bibliografia

3M. *Reuniões de negócios*. São Paulo: McGraw-Hill, 1990.

ACUFF, F. L. *Como negociar qualquer coisa com qualquer pessoa em qualquer lugar do mundo*. São Paulo: Senac,1998.

AZEVEDO, F. F. S. *Dicionário analógico da língua portuguesa*, Brasília: Thesaurus, 1983.

BAKER, S. *I hate meetings*. New York: Macmillan Publishing, 1982.

BARBOSA, L. *Culturas e empresas*. Rio de Janeiro: Jorge Zahar, 2002.

BAZERMAN, M. H.; NEALE, M. A. *Negociando racionalmente*. São Paulo: Atlas, 1995.

BONDER, N. *O segredo judaico de resolução de problemas*. Rio de Janeiro: Imago, 1995.

CRISTOPHER, E. M. *Técnicas de negociação*. São Paulo: Clio, 1996.

DALLEDONNE DE BARROS, J.P., *Negociação* – biblioteca de competências. Rio de Janeiro: Senac, 2004.

_____. *Visão estratégica* – biblioteca de competências. Rio de Janeiro: Senac, 2003.

DEEP, S.; SUSSMAN, L. *Atitudes inteligentes*. São Paulo: Nobel, 1992.

DONALDSON, M.; DONALD, S. M. *Técnicas de negociação*. Rio de Janeiro: Campus, 1999.

DOYLE, M.; STRAUS, D. *Reuniões podem funcionar*. São Paulo: Summus Editorial, 1978.

FISHER, R. A arte de negociar. *HSM Management*, nov./dez. 1997.

FULLER, G. *Estratégias do negociador*. Rio de Janeiro: LTC, 1993.

132   Bibliografia

GREENE, R.; ELFFERS, J. *As 48 leis do poder.* Rio de Janeiro: Rocco, 2000.

GROVE, A. *Only the paranoid survive.* New York: Doubleday, 1996.

JANER, G. *How to wins meetings.* England: Gower, 1986.

JÚLIO, C. A. *A magia dos grandes negociadores.* São Paulo: Negócio, 2003.

KARRASS, G. *Negocie para fechar.* São Bernardo do Campo: Bandeirante, 1988.

KIENTZ, A. *Comunicação de massa* – análise de conteúdo. Rio de Janeiro: Eldorado, 1973.

KLEIN, G. *Intuition at work.* New York: Doubleday, 2003

LAX, D. A.; SABENIUS, J. K. Negociação 3D: o jogo por inteiro. *Harward Business Review,* v. 81, n.° 11, nov. 2003.

LINKEMER, B. *Reuniões que funcionam.* São Paulo: Nobel, 1991.

LIPNACK, J.; STAMPS, J. *Rede de informações.* São Paulo: Makron Books, 1994.

MATOS, F. G. de. *Como dirigir e participar de reuniões.* Rio de Janeiro: GGDEG, 1983.

_____. *Negociação gerencial.* Rio de Janeiro: José Olympio, 1985.

MCCORMACK, M. H. *A arte de negociar.* São Paulo: BestSeller, 1997.

MINTZBERG, H.; AHLSTRAND, B.; LAMPEL, J. *Safári da estratégia.* Porto Alegre: Bookman, 2000.

MONTENEGRO, E.; DALLEDONNE, J. P. *Gestão estratégica.* São Paulo: Makron Books, 1998.

_____. *O gerente do futuro.* São Paulo: McGraw-Hill, 1990.

MONTGOMERY, C. A.; PORTER, M. E. (org) Estratégia. *A busca da vantagem competitiva.* Rio de Janeiro: Campus, 1998.

MOORE, C. W. *O processo de mediação.* Porto Alegre: Artmed, 1998.

NETO, F. H. da S. *Outra reunião?* Rio de Janeiro: Cop, 1994.

OBI, Equipe. *Técnicas de negociação:* novos e velhos malabarismos. São Paulo: Nobel, 1994.

PORTER, M. *Competição:* estratégias competitivas essenciais. Rio de Janeiro: Campus, 1999.

RAUDSEPP, E. *Como dirigir reuniões.* Rio de Janeiro: FGV, 1966.

Sun B. *A arte da guerra* – os documentos perdidos. Sun Tzu II. Rio de Janeiro: Record, 1996.

TOFFLER, A. *A empresa flexível.* Trad. Pinheiro de Lemos, 7. ed, Rio de Janeiro: Record, 1997.

VAET, I. *A sabedoria dos tempos.* São Paulo: Centro de Estudos Vida e Consciência, 1997.

VAITSMAN, H. S. *Inteligência empresarial:* atacando e defendendo. Rio de Janeiro: Interciência, 2001.